MZ세대의 독서토론

MZ세대의 독서토론

ⓒ 김찬우, 2024

초판 1쇄 발행 2024년 10월 15일

지은이   김찬우
펴낸이   윤성혜
펴낸곳   와이스토리
주소   부산시 수영구 과정로15번길 8-2, 2층
전화   070.7437.4270
팩스   0303.3441.4270
이메일   info@storylab.co.kr
홈페이지   y-story.co.kr

ISBN   979-11-88068-24-1 (93370)

MZ세대의
독서토론

김찬우 지음

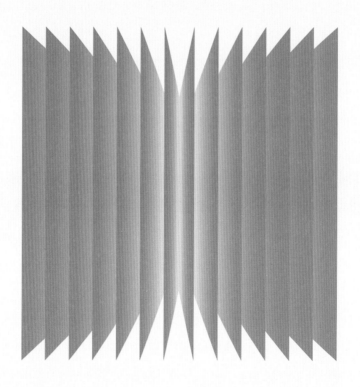

스마트폰과 SNS 등의 과다 사용으로 갈수록 약화되는
MZ세대의 문해력과 창의력 향상시키기

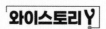

서문

본 저서는 생성형 AI가 보편화된 시대에 스마트폰과 SNS 등의 과다 사용으로 갈수록 약화되는 MZ세대의 문해력과 창의력을 향상시키기 위한 목적으로 집필되었다. 저자는 시대에 따른 인재상의 변천과 사회가 요구하는 인재 육성을 위해서는 독서를 통한 종합적 사고력 향상이 필요함을 강조하면서 특히 대학교육에서 독서가 강조되어야 함을 역설한다. 이 책의 숭고한 목표는 학생이 더 독서하고, 깊이 토론하고, 널리 회향할 수 있는 인재가 되도록 돕는 것이다.

현재 한국의 MZ세대는 독서와 토론이 현저히 부족하다. 이러한 원인을 환경, 교육제도, 문화적 요인으로 나누어 분석하면서, 올바른 독서와 토론의 필요조건을 제시한다. 더 나아가 효율적인 독서, 토론의 방법을 제시한다.

저자가 제시하는 독서법인 속독 훈련을 통해 책의 내용을 신속 정확하게 숙지한 후 문제 기반학습, 하브루타, 플립드 러닝, 프로젝트 기반학습을 바탕으로 창안된 회향교수법을 살펴본다. 회향교수법의 금강대학교 적용사례는 독서와 토론이 부족한 한국 대학교육의 선도적 모델이 될 만하다. 그간 서양식 토론법이 토론의 토양이 다른 한국에서 정착하는 데 어려움을 겪었다면, 회향토론법은 한국 실정에 맞는 한국형 토론법으로 의미심장하다. 저자는 독서와 토론을 통해 논리적 사고력, 통찰력 및 포용력을 강화한다면 머지않아 순수 학문 분야에서도 한국인 노벨상 수상자가 다수 배출될 것으로 기대한다.

저술 작업은 한 생명이 탄생하듯이 고되고 힘든 과정이다. 잉태의 과정에서 많은 이의 도움이 필요한 것처럼, 이 책도 실로 많은 분들의 노고와 도움으로 세상에 나올 수 있었다. 특히, 한국형 리버럴아츠를 꿈꾸며 수년을 함께 고민했던 금강대학교 신거성 교수님과 이창섭 팀장님, 전광수 박사님을 비롯한 전략혁신처 팀원들과 나지용 교수님, 신국장님을 포함한 금강대 교직원 및 학생들의 노력이 함께 어우러져 탄생하였다. 또한 출판을 위해 아낌없는 지원을 마다하지 않으신 위대한 경영자 허소미 대표님과 김근안(안테나) 님, 윤성혜(캘리) 님, 최인희(이니) 님께도 감사한 마음을 전한다. 또한 조건 없는 관심을 보내주신 박훈 본부장님, 이갑주 이사장님, 박경양 회장님, 구형모 방면장님, 홍민기 지점장님, 황지안 님, 박건우 님, 이남희 님, 박지완 군, 김성호 교수님, 주국장님, 김규하 사령관님, 오서연 교수님, 강기령 원장님, 이창희 총장님, 이각수 총재님을 포함한 많은 분들께도 감사드린다. 무엇보다도 산고의 과정을 지켜보면서도 늘 지지와 응원을 보내 준 아내와 딸에게 고마움을 전하고자 한다.

2024. 7. 31.
대학동 서재에서
수겸 김찬우 배상

목차

왜
MZ세대를 위한
독서와 토론인가?

Chat GPT에 질문만 하면 즉각적으로 대답을 얻을 수 있는데, 꼭 독서를 해야 하는가? 독서가 중요한 것도 알고, 하면 좋다는 것도 알겠지만 어떻게 해야 독서를 습관화할 수 있을까? 그동안 독서와 토론에 관련된 많은 질문과 그에 따른 자료와 책들이 있었다. 그럼에도 불구하고 갈수록 국민의 독서와 토론력은 줄어들고 있다. 독서와 토론은 인간의 지적 성장과 사회적 상호작용에 중요한 영향을 미치는 활동이다. 그러나 현재 이러한 활동들이 감소하면서 여러 문제들이 발생하고 있다. 독서는 우리의 상상력을 발전시키고, 새로운 아이디어를 습득하며, 다양한 시각을 이해할 수 있는 능력을 키워 준다. 또한 토론은 우리의 논리적 사고를 발전시키고, 타인과 의견을 공유하면서 존중하는 능력을 기를 수 있게 해 준다.

그러나 독서와 토론이 부재하거나 줄어들면서 이러한 능력들이 손상을 입게 되고, 결과적으로 우리는 지적으로 뒤떨어지는 현재를 살고 있다. 게다가 토론의 부재는 서로의 의견을 이해하고 존중할 수 있는 통로를 차단함으로써 서로 다른 이해관계의 충돌로 인한 갈등이 증폭되고 있다. 여와 야, 정부와 의사 단체와의 첨예한 대립의 이면에는 독서와 토론의 감소로 인한 상대에 대한 이해 부족과 문제해결을 위한 창의적이고 혁신적인 아이디어의 부족이 도사리고 있는 것이다. 안타까운 현실을 목도하고 미래에는 지적 성장과 사회적 이해가 증진되기를 기대하면서 또다시 독서토론법 책을 시작한다.

우리는 현재 제4차 산업혁명을 넘어 고도의 생성형 AI 시대를 살고 있다. 인공지능(AI)과 빅데이터가 만들어 내는 정보의 양은 측정이 불가능할 정도이다. 정보의 양뿐만 아니라 질적인 변화는 더욱 획기적이다. 소위 뷰카(VUCA) 시대는 혼돈(Volatility), 불확실성(Uncertainty), 복잡성(Complexity), 모호성(Ambiguity)의 네 가지 특징으로 명명된다. 이는 빠르게 변화하는 세계 속에서 기업들이 직면하는 여러 어려움을 나타내는 용어로, 기존의 예측과 계획이 어려워지고 다양한 위기 상황에 대처하는 능력이 중요해졌다(주효진 외, 2022).

뷰카 시대의 특징은 크게 3가지이다(야마구치 슈, 2020). 첫째, 경험의 무가치화이다. 정보의 급격한 변동성으로 인해 과거의 경험이 새로운 환경에서 발생한 문제를 해결하는 데 도움이 되지 못한다. 오히려 기존의 경험은 새로운 환경에 민첩하게 반응하는 데 장애가 될 뿐이다. 클라우스 슈밥은 이를 두고 '큰 물고기가 작은 물고기를 잡는 세상'에서 '빠른 물고기가 느린 물고기를 잡는 세상'으로 바뀌었다는 비유를 하였다.

둘째, 예측의 무가치화이다. 2019년 중국 후베이성 우한시에서 처음으로 발생한 바이러스에 의해 전 세계 여행이 금지되고, 전 국민이 마스크를 착용하는 세상이 될 것을 예측한 사람은 아무도 없었다.

셋째, 최적화의 무가치화이다. 지금까지 우리는 환경을 주어진 조건으로 보고, 주어진 환경 속에서 최적화를 도출하는 것이 사회적으로 최선이라고 교육을 받아 왔다. 그러나 뷰카화된 시대에서는 환경이 시시각각으로 변하기 때문에 최적해를 찾는 노력은 무의미하다. 오히려 변화하는 환경에 유연하게 적응하는 것이 더욱 중요하다.

뷰카를 특징으로 하는 현재 세대가 지혜롭게 사는 방법은 뭘까? 급격한 변동에 대응하면서, 예측이 어려운 상황에서 유연성을 기르며, 다양한 이해관계자와의 관계를 극복하며, 제한 정보 상황에서 신속하게 대응하는 능력을 기르는 방법은 무엇일까? 결국은 독서와 토론이라 할 수 있다. 독서를 통해 정보를 민첩하게 습득하여 정보를 빠르게 처리하며 이를 자기화하여 다시 대화하고 설득하여 환경에 민첩하게 적응하는 능력 즉 토론력으로 기존의 관행을 벗어나 유연하게 대처하고 혁신적인 사고를 바탕으로 변화에 적극적으로 대처해 나갈 수 있는 것이다.

독서와 토론이 더욱 중요해진 시대가 도래하였음에도 불구하고 현실은 오히려 반대로 돌아가고 있다. 우리나라 국민의 독서와 관련된 실상을 파악하기 위해 먼저 독서에 대한 다양한 설문 결과를 살펴보자(교육부, 2019; 한국도서관협회, 2022; 한국출판문화산업진흥원, 2021; 한국문화관광연구원, 2021). 우리나라의 독서에 관한 다양한 설문 결과는 다양한 측면에서 조망할 수 있다. 최근 연구에 따르면 한국인의 독서량은 전반적으로 감소하고 있는 추세를 보이고 있다. 이는 디지털 기기의 보급으로 인해 온라인 미디어의 이용이 증가하면서 독서에 대한 관심이 저하되고 있기 때문이라고 할 수 있다. 많은 사람들이 스마트폰, 인터넷, TV 등의 다른 미디어에 시간을 소비하면서 전통적인 책 읽기에 할애하는 시간이 줄어들고 있는 것이다.

한편으로는 한국인들의 독서 선호도도 변화하고 있는 것으로 나타났다. 전통적인 문학 작품보다는 경영, 자기계발, 자기관리와 같은 실용적인 주제를 다룬 책들이 더 많은 인기를 얻고 있는 것으로 나타났다. 또한 실용서나 전문서를 읽는 사람들도 많다. 이는 현대 사회에서 경쟁과 성취에 대한 중요성이 부각되고 있는 영향으로 해석할 수 있다. 독서 빈도는 개인의 라이프 스타일과 업무, 학업 상황에 따라 차이가 나지만 대체적으로 감소하고 있다. 학생들은 학업과 관련된 독서가 많고, 성인들은 직장과 관련된 실용서나 여가 시간에 소설 등을 주로 읽는 것으로 나타났다.

그러나 한국인들이 독서를 중요하게 생각하는 것은 변함이 없다. 설문조사 결과에 따르면 많은 한국인들이 독서를 통해 지식 습득, 취미 활동, 스트레스 해소 등 다양한 이유로 독서를 즐기고 있다. 또한 독서가 인간관계 개선 및 인생 방향을 찾는 데 도움을 준다고 답한 사람들도 많았다.

독서율과 빈도는 줄어들지만 독서의 중요성은 더 크게 느끼는 이러한 독서의 역설을 어떻게 설명해야 할까? 사회적 문제가 발생할 때마다 항상 따라오는 공교육 정책의 문제인가? 그게 아니라면 또 다른 원인이 있는 것일까? 이 책은 이러한 문제에 대한 근본적인 원인을 찾고 독서 욕구에 걸맞은 독서 습관을 길러 독서 강국을 만들기 위한 담대한 도전이다. 아울러 MZ세대의 독서력과 토론력을 키우는 것을 목표로 한다. 여기서 말하는 독서력은 책을 읽고 정리하여 토론하는 것을 포함한다.

Ⅱ

대학교육에서
독서와 토론이
중요한 이유

1. 시대에 따른 인재상의 변천과 독서의 중요성

인간 사회는 역사적으로 여러 단계를 거쳐 왔다. 그중에서도 가장 큰 변화를 겪은 것은 농경 사회에서 산업화 사회로의 전환이었다. 이러한 전환이 더욱 가속화되면서, 현재는 4차 산업혁명 시대에 접어들었다. 이에 따른 인재상의 변화도 눈에 띄게 일어났다(송성수, 2017; 송은주, 2019). 농경 사회에서는 주로 체력적인 능력과 농업기술에 대한 지식이 중요시되었다. 농업 생산성을 높이기 위해서는 노동력이 필수적이었기 때문에, 체력적인 능력을 갖춘 인재가 가장 중요하게 여겨졌다. 또한, 농업기술에 대한 전문적인 지식을 갖춘 사람들이 생산성을 높이는 데 중요한 역할을 하였다.

산업화 사회로의 전환과 함께, 노동력의 중요성은 그대로 유지되었지만, 체력적인 능력보다는 지적 능력이 더욱 강조되기 시작했다. 공장과 기계화된 생산 방식의 도입으로 인해, 체력적인 노동력보다는 기술과 지식을 갖춘 노동자들이 더욱 필요해졌다. 이에 따라, 교육의 중요성이 부각되었고, 전문지식을 갖춘 인재들이 더욱 중요시되었다.

이제는 4차 산업혁명 시대에 접어들면서, 인재상은 더욱 다양해지고 복합적인 능력을 요구하고 있다. 인공지능과 자동화 기술의 발전으로 인해,

기계가 인간의 역할을 대체하고 있는 분야가 늘어나고 있다. 이에 따라, 창의성, 문제해결 능력, 소통 능력과 같은 인간적 능력이 더욱 부각되었다. 또한 빠르게 변화하는 기술에 적응하고 변화를 주도할 수 있는 유연성과 학습 능력이 중요시되고 있다. 따라서 4차 산업혁명 시대에 요구되는 인재상은 과거와는 다르게 더욱 다양하고 복합적인 능력을 갖춘 인재가 중요시된다. 인간적 가치와 윤리적인 가치를 추구하는 데에도 중요성을 두고 있다. 이러한 변화에 빠르게 대응하여 새로운 시대에 필요한 인재로 발전해 나가는 것이 중요한 것이다.

1) 4차 산업혁명 시대 인재상

4차 산업혁명 시대의 인재상은 현대 사회의 발전과 미래를 이끌어 나갈 중요한 역할을 맡는다(김민수, 2019; 송은주, 2019). 이제는 빠르게 변화하는 기술과 경제 구조 속에서 새로운 역량과 지식이 요구되고 있는데, 이러한 환경에서 필요한 인재상은 무엇일까?

첫째, 4차 산업혁명 시대의 인재는 창의력과 혁신성이 강한 사람이어야 한다. 이전의 산업혁명과 다르게 이번 혁명은 정보기술과 인공지능이 중심에 있기 때문에 새로운 아이디어를 도출하고 새로운 기술을 개발하는 능력이 매우 중요하다. 또한 고도화된 기술을 탑재한 제품과 서비스를 만들어 내는 것이 혁신성을 갖춘 인재에게 요구되는 능력이다.

둘째, 4차 산업혁명 시대의 인재는 다양한 분야에 걸친 전문성을 가진 사람이어야 한다. 인공지능, 빅데이터, 사물인터넷 등 다양한 기술이 융합되는 현대 사회에서는 한 분야에만 종사하는 전문가보다는 다양한 분야에 지식을 갖춘 사람이 필요하다. 이는 문제를 다양한 관점에서 접근하고 해결책을 찾을 수 있는 능력을 키우는 데 도움이 된다.

셋째, 4차 산업혁명 시대의 인재는 커뮤니케이션 능력이 뛰어난 사람이어야 한다. 다양한 분야의 전문가들과 협업하고 의사소통해야 하는 현대 사회에서는 탁월한 커뮤니케이션 능력이 필수적이다. 또한 글로벌 시대의 도래로 외국어 능력도 요구되는데, 다국어 구사 능력을 갖춘 인재가 그 가치를 높여 준다.

마지막으로, 4차 산업혁명 시대의 인재는 지속적인 학습과 개발에 적극적인 사람이어야 한다. 새로운 기술과 지식이 끊임없이 발전하고 변화하는 현대 사회에서는 자기계발과 지속적인 학습이 중요하다. 따라서 능동적으로 새로운 지식을 습득하고 자기계발을 추구하는 인재가 요구된다.

4차 산업혁명 시대의 인재상은 창의력, 혁신성, 다양한 분야의 전문성, 커뮤니케이션 능력, 그리고 지속적인 학습과 개발에 적극적인 인재로 요약할 수 있다. 이러한 능력과 역량을 갖춘 인재들이 현대 사회의 발전과 미래를 이끌어 나가는 역할을 맡을 것이다.

2) 4차 산업혁명 시대 독서의 중요성

4차 산업혁명 시대에 독서가 중요한 이유는 다양한 측면에서 설명될 수 있다(조상식, 2016; 심영덕, 2017). 독서란 지식을 얻고 역사를 이해하고 타인의 경험을 공유함으로써 우리가 세상을 이해하는 데 도움을 주는 활동이다. 이것은 4차 산업혁명 시대에 아주 중요한 요소가 될 수 있다.

우선, 독서는 변화하는 시대에 적응하기 위한 필수적인 능력이다. 4차 산업혁명은 기술과 정보의 폭발적인 증가로 인해 빠르게 진행되고 있다. 이러한 변화 안에서 핵심적인 정보를 습득하는 것은 매우 중요하다. 독서를 통해 새로운 기술이나 동향에 대한 정보를 쉽게 습득할 수 있고, 그것을 토대로 자신의 생활이나 직업에 적용할 수 있다.

또한, 독서는 창의력과 능동성을 키우는 데 도움을 준다. 독서는 자유롭게 상상력을 발휘하고 새로운 아이디어를 얻을 수 있는 좋은 수단이다. 특히 4차 산업혁명 시대에는 새로운 아이디어와 혁신이 매우 중요한데, 독서를 통해 다른 사람의 시각과 경험을 공유하고 다양한 아이디어를 습득할 수 있다.

더불어, 독서는 사회적 관계 형성과 인간관계 강화에 도움을 준다. 독서는 타인의 감정과 생각을 이해하고 공유하는 데 도움을 주며, 이는 감성적인 지적인 관계의 형성을 촉진한다. 4차 산업혁명은 디지털 기술의 발전으로 인해 사회적 관계가 퇴화하는 경향이 있지만, 독서를 통해 사람과

의 소통을 즐기고 인간관계를 강화하는 데 도움을 줄 수 있다.

마지막으로, 독서는 삶의 질을 향상시키는 데 핵심적인 역할을 한다. 독서는 스트레스를 줄이고 긍정적인 마음가짐을 갖도록 도와준다. 또한, 독서를 통해 새로운 지식을 습득하고 인간의 역사나 문화를 이해할 수 있어 삶에 대한 더 깊은 통찰을 얻을 수 있다.

4차 산업혁명 시대에는 빠르게 변화하는 환경에 맞춰 독서라는 활동이 더욱 중요한 역할을 할 것이다. 독서는 삶의 질을 향상시키고 역량을 키우는 데 도움을 주며, 사회적 관계 형성과 창의력을 키우는 데도 큰 도움이 될 것이다. 따라서, 4차 산업혁명 시대에는 독서가 중요한 요소로 자리 잡을 것이며, 우리는 그것을 적극적으로 실천해야 한다.

2. 사회가 요구하는 인재 육성과 독서의 중요성

여기서는 독서를 통해 사회가 요구하는 인재를 육성할 수 있음을 살펴본다.

1) 사회가 요구하는 인재 육성과 독서의 중요성

사회가 요구하는 인재 육성은 현재 세대에게 매우 중요한 주제로 떠오르고 있다. 인재란 어떤 사회나 조직에서 중요한 역할을 할 수 있는 미래를 이끌어 나갈 수 있는 개인을 의미하며, 이러한 인재를 양성하는 것은 사회 발전에 많은 영향을 미칠 수 있다. 그렇다면, 우리 사회가 요구하는 인재 육성에 독서가 어떤 역할을 하는지 살펴보자(World Economic Forum, 2020).

일단, 독서는 인재 육성에 있어서 매우 중요한 역할을 한다. 책을 읽는 것은 지식과 정보를 얻는 것뿐만 아니라 창의력을 키우고 사고력을 발전시키는 데 큰 도움이 된다. 또한, 독서는 인간 감성과 정서를 발전시키는 데에도 도움이 되어 인간성을 기르는 중요한 수단 중 하나이다. 따라서 독서는 사회가 요구하는 인재 육성에 있어서 필수적인 요소라 할 수 있다.

또한, 독서는 인재가 사회에서 필요로 하는 능력을 갖추는 데도 큰 도움을 준다. 책을 읽으면서 다양한 분야의 전문지식과 통찰력을 얻을 수 있기 때문에, 책을 통해 얻은 지식과 경험은 미래에 사회에서 일어나는 문제에 대처하는 데 큰 도움을 줄 것이다. 이러한 능력을 갖추어야만 사회에서 성공할 수 있으며, 독서는 이러한 능력을 키우는 데 큰 역할을 한다.

결론적으로, 사회가 요구하는 인재 육성과 독서는 밀접한 관련이 있는 주제이다. 독서는 인재 육성에 있어서 매우 중요한 역할을 하며, 사회에서 필요로 하는 능력을 갖추는 데에도 큰 도움을 준다. 따라서 우리는 독서의 중요성을 인식하고 지속적으로 독서 습관을 길러 사회가 요구하는 인재로 거듭나기 위해 노력해야 한다.

2) 독서를 통한 사회적 인재 육성 방안

독서는 인간의 지적 성장과 사회적 발전에 놀라운 영향을 미치는 활동으로, 사회가 요구하는 인재를 육성하는 데에도 중요한 역할을 한다. 독서를 통해 다양한 지식과 정보를 습득하고 사고력을 향상시킬 수 있으며, 창의적이고 비판적으로 사고하는 능력을 길러 주기 때문이다. 이러한 능력은 현대 사회에서 요구하는 인재상을 갖추는 데 필수적이다(송은주, 2019; 조상식, 2016; 서지연 외, 2011).

첫째, 독서는 다양한 지식과 정보를 습득하는 데 중요한 수단이다. 책을 읽음으로써 역사, 문학, 과학, 예술 등 다양한 분야의 지식을 얻을 수 있고, 이러한 다양성은 인재로서의 폭넓은 시야를 형성하는 데 도움을 준다. 또한 책에 담긴 정보를 통해 현대 사회의 다양한 문제에 대한 이해를 넓히고, 이를 해결하기 위한 해결책을 모색하는 능력을 배양할 수 있다.

둘째, 독서는 사고력을 향상시키는 데 도움을 준다. 책을 읽으면서 다양한 시각과 의견을 접하고 분석하는 과정은 인간의 사고를 확장시키고, 더 나은 결정을 내릴 수 있는 능력을 기를 수 있다. 특히 비판적 사고를 길러 주는 독서는 현대 사회에서 요구되는 문제해결 능력을 키우는 데 중요하다.

마지막으로, 독서는 창의성을 키우는 데 효과적이다. 책을 통해 새로운 아이디어나 관점을 발견하고, 이를 자신의 생각에 접목시키는 과정은 창의력을 발휘하는 데 도움이 된다. 또한 독서는 상상력을 길러 주는 데 도움을 주어 창의적인 문제해결 능력을 키울 수 있다.

요약하면, 독서는 사회가 요구하는 인재를 육성하는 데에 매우 중요한 역할을 한다. 다양한 지식과 정보를 습득하고, 사고력과 창의력을 향상시키며, 비판적으로 사고하는 능력을 길러 주기 때문에 독서는 현대 사회에서 요구되는 다재다능한 통섭형 인재를 양성하는 중요한 수단이다. 그러므로, 우리는 개인과 사회가 함께 독서를 통해 인재를 양성하는 노력을 계속해 나가야 한다.

3. 독서를 통한 종합적 사고력 향상

독서는 종합적 사고력을 향상하는 중요한 요소이다. 독서는 우리의 지식을 확장하고 새로운 아이디어 및 관점을 습득하도록 도와준다. 또한 독서는 우리가 다양한 주제나 시대적 배경에 대해 이해하고 분석하는 능력을 향상시키는 데 도움이 된다.

우리는 독서를 통해 다양한 주제와 관점을 접하게 되어 우리의 시야를 확대시킬 수 있다. 예를 들어, 문학 작품이나 역사 서적을 읽으면 작가나 시대의 역사적 배경, 사회적 상황 등에 대한 이해를 넓힐 수 있다. 이를 통해 새로운 아이디어나 관점을 습득하게 되어 종합적인 사고력이 향상되는 것이다.

독서는 우리의 분석력을 향상하는 데 도움을 준다. 책이나 논문을 읽을 때, 우리는 주제나 주장을 평가하고 비판적으로 생각해야 한다. 이를 통해 우리는 자신의 생각을 논리적으로 전개하고 타당한 근거를 제시할 수 있는 능력을 키울 수 있다. 이러한 능력은 다양한 상황에서 문제를 해결하거나 의견을 주장할 때 유용하게 활용될 수 있다.

독서는 우리의 지식을 확장하는 중요한 역할을 한다. 책을 통해 새로운 사실을 배우거나 새로운 아이디어를 접할 수 있기에 우리의 학습 능력을 기르는 데 도움이 된다. 지식이 쌓일수록 우리는 더 넓은 시야로 세상을 바라볼 수 있게 되며, 다양한 분야에서의 문제해결에 도움을 줄 수 있는 종합적인 사고력을 발전시킬 수 있다(송주현, 2016; 허남영 외, 2014; 이우정 외, 2013).

이처럼 독서는 종합적 사고력을 기르는 중요한 도구이다. 종합적 사고력은 여러 관점에서 문제를 분석하고 통합적인 해결책을 찾는 능력을 의미한다. 한 가지 주제에만 국한되지 않고, 다양한 주제와 장르의 책을 읽으면 다양한 지식과 시각을 얻게 된다. 이는 문제를 여러 각도에서 바라보고 해결 방법을 찾는 데 도움을 준다. 또한 책을 읽을 때 단순히 내용을 습득하는 것에 그치지 않고, 저자의 주장이나 논리를 비판적으로 분석하는 습관을 기른다. 이를 통해 논리적 사고능력과 문제 해결 능력이 향상된다. 책을 읽고 난 후 다른 사람들과 토론하거나 자신의 생각을 글로 작성해 보는 것도 좋다. 이는 자기 생각을 명료하게 정리하고 다른 관점을 이해하는 데 도움이 된다. 독서를 통해 책의 내용을 정리하고 핵심을 요약하는 습관을 기를 수 있다. 또한 독서는 정보를 체계적으로 조작하는 능력을 기르는 데 유용하다. 책을 읽은 후 자신의 경험이나 기존 지식과 비교하면서 반성하는 시간을 가짐으로써 새로운 정보를 자신의 신념 체계에 통합하는 과정을 도울 수도 있다(김혜정, 2008).

독서는 문해력과 종합적 사고력을 길러 주기에 MZ세대에게 독서는 더욱 중요하다. 이러한 이유로 최근 대학은 생존의 차원에서 독서를 장려하고 있다. 급격한 학령인구 감소와 급격한 시대의 변화는 대학으로 하여금 새로운 인재상을 강요하고 있다. 기존의 교육과정으로는 빠르게 변화하는 시대에 필요한 인재를 길러낼 수 없다는 데 대부분 공감하고 있다. 물론 대학들도 이러한 한계를 극복하고자 전공 수업 이외에도 교양 또는 비교과 프로그램 운영을 확대하며 자구책을 마련해 왔다. 하지만 사회가 요구하는 인재를 길러내는 데에는 실패했다는 것이 대다수의 공통된 의견이다. 이러한 이유로 대학에 꼭 가야 하는지에 대한 고민이 이어지고 있으며 과거 몇 년간과 비교했을 때, 대학에 진학하는 학생 수가 급격히 감소하고 있다.

4. 대학에서 독서와 토론이 중요한 이유

1) 국내외 대학의 최근 동향

기존의 지식 전달 중심의 교육체계로는 미래 사회에 필요한 인재를 양성하는 데 한계가 드러나고 있다. 그 대안으로 독서와 토론이 학업성취도와 비판적 사고력을 증진하는 중요한 활동으로, 많은 국내외 대학들이 이를 적극적으로 장려하고 있다. 최근 몇 년 간의 국내 대학의 동향을 살펴보면 다음과 같은 사례들을 볼 수 있다.

우선, 독서 프로그램 활성화 사례이다. 서울대학교의 경우 '책 읽어주는 수업'과 같은 독서 프로그램을 통해 학생들이 독서를 생활화할 수 있도록 지원하고 있다. 연세대학교는 매 학기 '연세 독서클럽'을 통해 다양한 주제의 책을 읽고 토론하는 모임을 운영하고 있다. 둘째, 교양과목의 강화 사례이다. 고려대학교의 경우 '독서와 토론' 교과목을 개설하여 학생들로 하여금 독서와 토론에 대한 기초적인 소양을 배양하도록 유도하고 있다. 셋째, 글로벌 리딩 프로그램의 개설이다. 다수의 대학에서 학생들이 해외 문학 작품과 관련 연구를 통해 국제적 소양을 넓히도록 하는 프로그램을 운영하고 있다. 해외 대학의 경우 시카고대학교, 컬럼비아대학교 등 미국의 여러 대학에서는 'Great Books' 프로그램을 통해 고전 문학과 철학 텍스트를 읽고 토론하는 커리큘럼을 오래전부터 운영하고 있다. MIT의 경우 'First-Year Learning Communities'를 통해 신입생들이 소규모 세미나에서 독서와 토론을 통해 전공에 대한 심도 있는 이해를 촉진하고 있다. 영국의 옥스퍼드와 케임브리지대학교에서는 매년 다양한 국내외 토론 대회를 개최하며, 학생들의 논리적 사고력과 발표 능력을 기르는 데 집중하고 있다.

결론적으로 독서와 토론은 국내외 대학에서 중요한 학습활동 중 하나로 자리 잡고 있으며, 이를 강화하기 위한 다양한 프로그램과 커리큘럼이 지속적으로 발전하고 있다. 이런 활동은 학생들이 비판적 사고와 깊이 있는 학문적 이해를 갖추는 데 큰 역할을 하고 있음을 알 수 있다. 이에 더하여 2022년 서울대학교 교육위원회에서는 다양한 전문성을 갖춘 인재를 양성하기 위해 유연한 학사구조에 대해 깊은 검토가 필요하다고 하였으며, 스탠포드대학은 학과 통합작업을 진행하고 있다. 현재 국내외 대학들은 혁신하지 않으면 생존할 수 없다는 절실함으로 대학과 산업 간 벽 허물기, 현장 중심 연구, 학생 맞춤형 교육과정 개편 등 다양한 방식으로 대학 혁신을 주도하고 있다.

2) 대학에서 독서와 토론이 중요한 이유

대학에서 독서와 토론이 중요한 이유는 다양하다. 하지만 그중에서도 가장 중요한 이유는 학생들이 비판적 사고와 문제해결 능력을 키울 수 있기 때문이다. 독서와 토론을 통해 학생들은 다양한 의견을 듣고 비판적으로 분석하며 스스로의 생각을 정립할 수 있는 기회를 갖게 된다(김혜정, 2008; 이황직, 2011; 김혜진 외, 2014).

여기서는 주요한 몇 가지 이유를 다루고자 한다. 첫째, 비판적 사고의 함양이다. 독서와 토론을 통해 학생들은 다양한 관점을 접하게 된다. 이는 비판적 사고 능력을 키우는 데 중요한 역할을 한다. 깊이 있는 독서를 통해 정보의 사실 여부를 판단하고, 토론을 통해 자신의 생각을 논리적으로 표현할 수 있다.

둘째, 의사소통 능력의 향상이다. 토론은 학생들에게 자신의 생각을 명확하게 전달하고, 다른 사람의 의견을 경청하며, 이에 대한 논리적인 반박을 준비하는 능력을 길러 준다. 이는 사회 진출 후에도 중요한 의사소통 기술로 이어지는 것이다. 아울러 독서와 토론은 학생들이 자기 계발을 위해 노력하고 자신의 교육 목표를 명확히 할 수 있는 계기가 된다. 독서를 통해 새로운 아이디어를 받아들이고 토론을 통해 자신의 의견을 정립함으로써 학생들은 자기 발전의 방향을 찾아가는 데 도움을 받을 수 있다.

셋째, 지식의 확장이다. 다양한 책을 읽음으로써 학생들은 전공 분야뿐만 아니라 다양한 분야에 걸친 지식을 쌓을 수 있다. 이는 융합적 사고와 창의성을 촉진하는 데 도움이 된다. 독서는 학생들에게 지식을 넓히고 새로운 아이디어를 얻는 데 큰 도움이 된다. 책을 읽으면서 학생들은 다양한 주제에 대해 생각해 볼 수 있고 다른 사람들의 경험과 지식을 공유받을 수 있다. 이를 통해 학생들은 자신만의 시각을 발전시키고 논리적인 사고력을 기를 수 있다.

넷째, 자기 표현력의 증진이다. 독서를 통한 자기 이해와 토론을 통한 다양한 의견 표출은 학생들이 자신의 생각을 더 명확하고 자신 있게 표현할 수 있도록 도와준다. 이는 자기 신뢰감 형성에도 중요한 역할을 한다. 또한 토론은 학생들이 자신의 의견을 표현하고 다른 사람들과 의견을 공유하며 자신을 발전시킬 수 있는 기회를 제공한다. 토론을 통해 학생들은 자신의 주장을 논리적으로 전개하고 타인의 의견에 대해 비판적으로 생각할 수 있는 능력을 기를 수 있다. 토론을 통해 학생들은 소통 능력을 향상시키고 다양한 관점을 이해하는 능력을 키울 수 있다.

다섯째, 협력과 팀워크의 연습이다. 토론은 개인이 아닌 그룹 활동이다. 이 과정에서 학생들은 팀워크의 중요성을 배우고 협력하는 방법을 익히게 된다. 이는 미래의 직장 생활에서도 큰 도움이 된다. 결국 독서와 토론은 대학 교육의 핵심 요소로서 학생들이 전인적으로 성장하는 데 중요한 역할을 한다. 이는 단순한 지식 전달을 넘어, 학생들이 미래에 필요한 다양한 능력을 고루 갖출 수 있도록 돕는 필수적인 과정인 것이다. 이러한 이유로 대학은 최근 독서와 토론 프로그램을 대폭 확대하고 있다.

Ⅲ

우리나라
학생들이 처한
독서토론 현실

우리나라 학생들의 독서토론 현실은 다양한 측면에서 살펴볼 수 있다. 독서토론은 학생들이 문학 작품이나 다른 주제에 대해 의견을 나누고 생각을 교환하는 과정을 의미한다. 학생들은 일반적으로 교실 내에서 독서토론을 경험한다. 이는 교육과정의 일부로써 학생들이 문학 작품이나 다른 주제에 대해 생각하고 토론하는 기회를 제공한다. 하지만 현실적으로는 이러한 독서토론이 충분히 이루어지지 않고 있다. 학생들은 다양한 이유로 독서토론에서 제한을 받고 있다. 여기서는 환경적 요인, 교육 제도적 요인, 문화적 요인, 개인적 요인으로 나눠 살펴보기로 한다.

1. 환경적 요인

    우리나라 학생들이 독서와 토론을 어려워하는 환경적 요인은 여러 가지가 있다. 여기서는 주요 요인을 몇 가지만 논의하기로 한다(이원봉, 2017; 김경미 외, 2016). 첫째, 학업과 경쟁 중심의 교육이다. 대학 입시와 수능이 큰 비중을 차지하는 교육 환경에서 학생들은 시험 준비에 대부분의 시간을 할애한다. 이는 독서와 토론에 할애할 시간을 부족하게 만드는 요인이다. 학교 수업 외에도 학원이나 과외 활동이 많아 학습 부담이 가중된다. 이로 인해 학생들이 자유롭게 책을 읽거나 토론할 시간이 부족하다.

    둘째, 사회적 압박과 학부모의 과도한 기대이다. 부모와 사회의 기대가 크다 보니, 좋은 대학에 가기 위한 점수 위주의 학습이 강조될 수밖에 없다. 이러한 이유로 독서와 토론 같은 당장 점수 획득에 도움이 되지 않는 활동을 뒤로 밀릴 수밖에 없다. 성적 중심의 평가로 학업 성취도가 중요한 평가 기준이 되다 보니, 비판적 사고나 창의적 사고를 기르는 활동보다는 성적을 올리기 위한 공부에 집중하게 된다.

    셋째, 디지털 미디어의 영향이다. 학생들이 스마트폰, 인터넷, 게임 등에 많은 시간을 보내다 보니 독서 활동에 참여하는 시간이 적다. 디지털 미디어에 길들여진 학생들이 긴 호흡의 독서보다는 쇼츠 등 짧고 간결한

콘텐츠를 선호하게 되는 것도 큰 이유이다.

    넷째, 제한된 독서 환경이다. 일부 학교에서는 도서관의 책이 필요한 수준에 못 미치거나, 도서관 접근성이 떨어져 학생들이 책을 접하기 어려운 환경이 조성된다. 가정에서도 독서를 권장하는 분위기가 부족하거나, 책을 충분히 구비하지 않은 경우가 많다. 이러한 환경적 요인들은 학생들이 독서와 토론을 어렵게 느끼는 주요 원인이 된다. 이를 극복하기 위해서는 교육 체계의 변화와 함께 가정과 사회에서의 환경 조성이 병행되어야 한다.

2. 교육 제도적 요인

　한국 학생들의 독서와 토론을 어렵게 하는 교육 제도적 요인은 다양하
나 여기서는 주요한 몇 가지만을 다루기로 한다(강경리, 2019; 이원봉,
2017; 김경미 외, 2016; 안현효, 2019). 첫째, 표준화된 교육과정에서 찾을
수 있다. 한국 교육은 전국적으로 거의 동일한 교육과정을 따른다. 이는
효율적인 학습 관리를 가능하게 하지만, 다양한 사고와 창의적인 논의의
장을 제한할 수 있다. 독서와 토론은 다양한 관점을 필요로 하는 활동이
므로, 이러한 획일화된 교육과정에서는 충분히 실시되기 어렵다.

　둘째, 교사의 역할과 한계이다. 많은 교사들이 입시 위주로 교육을 해야
한다는 압박을 느끼고 있다. 그러다 보니 독서와 토론처럼 시간과 노력이
많이 소요되는 활동을 진행하기가 힘들다. 또한 토론을 잘 지도하기 위한
전문적인 교육이 부족한 경우도 많다.

　셋째, 한국의 교육제도는 상대적으로 주입식 교육에 의존하고 있다. 학
생들이 스스로 생각하고 의견을 나누기보다는, 정해진 답을 외우는 데 집
중하는 경우가 많다. 따라서 독서와 토론을 장려하고 있지만, 현실적으로
는 잘 이루어지지 않는다. 중간, 기말, 수능 등 중요한 시험에서 고득점을
획득하는 것이 학생들의 유일한 목표이기 때문에 창의적 사고나 독서, 토

론 시간보다는 객관식 문제 풀이에 중점을 두는 경우가 대부분이다. 또한 시간 압박으로 인한 학업 부담도 독서와 토론을 방해하는 요인이다. 한국 학생들은 필수적으로 이수해야 하는 과목이 다른 나라에 비해 상대적으로 많아서 학업 부담이 크고 학원 등 추가 수업도 많이 듣는다. 이로 인해 독서나 토론 같은 활동에 할애할 수 있는 시간이 절대적으로 부족하다.

3. 문화적 요인

우리나라 학생들이 독서와 토론에 어려움을 느끼는 문화적 요인으로는 몇 가지를 지적할 수 있다(조아라, 2016; 이용관, 2021). 우선, 강한 경쟁 중심의 문화를 들 수 있다. 우리나라의 경우 소위 '한강의 기적'으로 알려진 발전 국가를 경험하면서 경쟁 문화가 자연스럽게 형성되었다. 강한 경쟁 문화에서는 정답을 빨리 찾는 것이 중요하다. 다양한 의견을 나누는 토론보다는 정해진 답을 빨리 찾는 것에 익숙하므로, 시간이 많이 소요되는 독서와 토론을 꺼린다.

둘째, 군사 독재 등 권위주의 문화를 경험하면서 어른이나 교사의 권위를 존중하는 문화가 강해서, 학생들이 자신의 생각을 적극적으로 표현하고 토론에 참여하는 것에 익숙하지 못하다.

셋째, 자기표현을 장려하지 않는 분위기를 들 수 있다. 초·중·고등학교 과정에서 학생들이 자신의 생각을 자유롭게 표현하고 논의하는 문화가 아니라 주어진 답을 정확하고 빠르게 익히는 것에 익숙하다. 이런 문화에서는 독서 후 자신의 생각을 글이나 말로 표현하는 연습을 충분히 하지 못해 토론에서 자신감을 갖기 어렵다. 또한 교육 현장에서 독서와 토론을 중심으로 한 교육이 점차 강조되고 있지만, 관성으로 인해 전통적인 교육방식에서 완전히 벗어나지 못한 경우가 많다.

4. 개인적 요인

우리나라 학생들이 독서와 토론을 어려워하는 개인적 요인은 여러 가지가 있다. 그중 주요 요인들을 살펴보면 다음과 같다(서수백, 2020; 박혜숙, 2008; 김혜진 외, 2014; 박유정, 2020; 이용관, 2021). 첫째, 자율적인 학습 능력의 제한이다. 다수의 학생들이 교사의 지도를 받는 형태의 학습에 익숙해져 있다. 스스로 책을 선택하고 읽거나 의견을 나누는 자율적인 학습이 어려운 이유이다. 스스로 목표를 설정하고 계획적으로 학습하는 능력이 부족하면 독서와 토론을 지속하기 어렵다. 부모나 교사의 지도가 없으면 자발적으로 독서나 토론을 하기가 어려운 것이다.

둘째, 우리나라 대학생의 경우 토론 경험이 절대적으로 부족하다. 개인차가 존재하지만, 토론에 대한 경험이 없다 보니 학생들이 독서에 대한 흥미를 잃거나 토론의 재미를 느끼지 못한다. 어릴 때부터 독서나 토론에 대한 긍정적인 경험이 부족한 경우가 많다.

셋째, 기초 능력이 부족한 경우이다. 독서 습관을 기르지 못하거나 독해력이 부족하면 독서 자체가 어려워진다. 마찬가지로, 논리적 사고와 의사소통 능력이 부족하면 토론에 대한 자신감을 잃게 된다.

VI

독서와 토론을
잘하기 위한
여건 조성

여기서는 우리나라 학생들이 독서와 토론에 익숙해질 수 있는 여건을
환경적, 제도·문화적, 개인적 조건으로 나누어서 살펴보기로 한다.

1. 환경적 조건

우리나라 학생들이 독서와 토론을 잘하기 위해서는 다양한 환경적 조건이 필요하다. 여기서는 주요한 몇 가지 조건을 다루어 본다(이경민, 2012; 이은선, 2013; 김경애 외, 2019). 첫째, 독서 환경 개선이다. 학생들이 쉽게 접근할 수 있는 도서관과 독서 공간을 마련해 주는 것이 중요하다. 학교 내 도서관뿐만 아니라 지역 사회의 도서관 확충도 중요하다. 다양한 주제와 장르의 책을 제공하여 학생들이 자신의 흥미에 맞는 책을 찾을 수 있도록 하는 것도 필요하다. 무엇보다도 정기적인 독서 프로그램, 독서클럽, 독서 캠페인을 통해 독서의 중요성을 강조하고 독서 습관을 형성할 수 있도록 지원할 필요가 있다.

둘째, 토론 문화의 조성이다. 토론의 기본 원칙과 기술을 교육하는 프로그램을 마련하여 학교 교과 과정에 포함될 수 있도록 한다. 학생들이 자유롭게 의견을 표현할 수 있는 안전한 토론 환경을 조성하기 위해, 존중과 경청의 중요성을 강조하여 교육한다. 교내 토론 대회, 토론 클럽, 디베이팅 팀 등을 통해 학생들이 정기적으로 토론에 참여할 기회를 제공하는 것도 토론 문화 조성을 위해 중요하다.

셋째, 토론을 잘하기 위해서는 학생들이 의견을 자유롭게 표현할 수 있는 환경이 필요하다. 다양한 주제에 대해 토론을 진행하고 학생들이 서로 다른 의견을 존중하며 소통할 수 있는 환경을 만들어야 한다. 학교에서 토론 대회나 토론 페스티벌을 개최하여 학생들이 자신의 의견을 공개적으로 표현할 수 있는 기회를 제공하는 것도 좋은 방법이다.

넷째, 가정환경의 조성이다. 가족이 함께 책을 읽는 시간을 가짐으로써 독서의 즐거움을 공유할 수 있다. 가정 내에서 다양한 주제에 대해 자유롭게 토론할 수 있는 분위기 조성도 필요하다.

다섯째, 디지털 기술을 적극 활용하는 것이다. 학생들이 쉽게 접근할 수 있는 디지털 도서관과 독서 앱을 활용하여 독서의 접근성을 높일 수 있다. 학생들이 온라인에서 다양한 주제에 대해 토론할 수 있는 플랫폼을 제공하는 것도 한 방법이다.

여섯째, 사회적 지원과 관련하여 독서와 토론을 장려하는 정책과 프로그램을 통해 학생들이 이러한 활동에 참여할 수 있도록 정부 및 지역사회의 지원이 필요하다. 독서 축제, 토론 대회 등 다양한 행사를 통해 독서와 토론에 대한 관심을 높일 수 있다.

2. 제도·문화적 조건

학생들이 독서와 토론을 잘하기 위한 제도·문화적 조건을 마련하는 것은 매우 중요하다. 제도와 문화를 통해 독서와 토론을 자연스럽게 장려하고 지원할 수 있는 환경을 조성할 수 있다. 다음은 그와 관련된 몇 가지 중요한 제도·문화적 조건을 살펴보자(이원봉, 2017; 안현효, 2019; 송주현, 2016). 첫째, 교육과정 안에서 독서와 토론 교육을 강화하는 것이다. 독서와 토론을 정규 교과과정에 포함시키고, 이를 통해 학생들이 체계적으로 독서와 토론 능력을 키울 수 있도록 한다. 독서와 토론 활동이 학습 평가에 반영되도록 하여 학생들이 적극적으로 참여할 동기를 부여할 필요도 있다.

둘째, 교사 연수 및 지원을 강화한다. 교사들이 독서와 토론을 효과적으로 지도할 수 있도록 관련 연수와 지원을 강화한다. 독서와 토론 교육에 대한 전문성을 갖춘 선도 교사를 육성하고 이들을 중심으로 교육 커뮤니티를 형성하는 것도 방법이다. 이를 통해 교사는 학생들의 독서 활동을 적극적으로 지원하고 토론 수업을 통해 학생들의 토론 능력을 향상시킬 수 있다.

셋째, 학교 내에서 토론 클럽이나 동아리를 활성화하고 이를 지원하여 학생들이 자발적으로 토론에 참여할 기회를 제공한다. 또한 학교 도서관의 책 수를 늘리고, 다양한 장르의 도서를 제공하는 것이 중요하다. 독서시간을 정기적으로 마련하여 학생들이 독서에 시간을 투자할 수 있도록 돕는 것이 필요하다. 학교에서 독서 행사나 독서 대회를 개최하여 학생들에게 독서에 대한 긍정적인 인식을 심어 주는 것도 좋은 방법이다.

넷째, 지역사회와 연계하여 지역 도서관 및 문화 시설을 활용하여 독서와 토론 관련 프로그램을 운영한다. 저자 초청 강연 등 지역사회를 중심으로 한 독서와 토론 관련 행사를 개최할 수도 있다.

다섯째, 정부의 정책과 재정지원을 바탕으로 디지털 독서 플랫폼, 온라인 토론 플랫폼을 마련하여 학생들이 언제 어디서나 다양한 독서를 하고, 다양한 주제에 관해 토론할 수 있는 기회를 제공한다.

3. 개인적 조건

우리나라 학생들이 독서와 토론을 잘하기 위해서는 개인의 노력도 중요하다. 학생 개개인이 독서와 토론에 대해 긍정적인 태도를 갖고, 관련 기술과 습관을 기르는 것이 필요하다. 다음은 그와 관련된 개인적 조건들을 알아보자(김혜진 외, 2014; 김혜정, 2008). 첫째, 올바른 독서 습관 형성이 필요하다. 매일 일정 시간을 독서에 할애하는 습관을 기를 필요가 있다. 이는 독서의 일상화를 도울 수 있다. 또한 다양한 주제와 장르의 책을 읽음으로써 폭넓은 지식과 시각을 갖추도록 한다. 일정 기간에 읽을 책의 수나 주제를 설정하여 독서 목표를 정하는 것이 독서 동기를 높이고 습관을 형성하는 데 도움이 된다.

둘째, 비판적 사고를 통한 독서와 토론이다. 책을 읽는 동안 스스로 질문을 하면서 읽은 후에 내용을 비판적으로 검토하고 책의 주요 내용을 요약하고 분석하는 연습을 한다.

셋째, 독서 기록 및 반성의 습관화이다. 책을 읽은 후 독서 노트를 작성하여 주요 내용을 기록하고 자신의 생각을 정리한다. 책을 읽은 후 독후감을 작성하여 자기 생각과 느낌을 표현하는 것도 중요하다.

넷째, 토론의 기술을 습득하는 것이다. 토론의 기본 원칙과 구조를 이해하고, 이를 바탕으로 논리적으로 사고하고 표현하는 능력을 기른다. 토론 과정에서 다른 사람의 의견을 경청하고 존중하는 태도를 기를 수 있다. 실제 토론에 참여하여 경험을 쌓고, 자신의 토론 기술을 향상하기 위한 연습도 중요하다.

다섯째, 자기주도적 학습이다. 스스로 주제를 선택하여 조사하고 학습하는 자기주도적 학습 능력을 기르며, 독서와 토론에 관련된 목표를 설정하고, 이를 달성하기 위한 계획을 세우면 자기 계발을 촉진할 수 있다.

여섯째, 자신감과 표현력 향상이다. 작은 발표나 토론에서부터 시작하여 점차 더 큰 무대에서 자신 있게 의견을 표현하여 자신감을 키워 나간다. 명확하고 논리적인 의사소통 능력을 기르기 위해 일상생활에서도 자신의 생각을 분명하게 표현하는 연습도 필요하다.

일곱째, 멘토링과 독서 동아리 및 토론 클럽 참여도 필요하다. 독서와 토론에 대한 경험이 풍부한 멘토를 찾아 도움을 받고, 독서 동아리나 토론 클럽에 참가하여 다른 학생들과 함께 학습하고 경험을 공유한다. 이러한 개인적인 조건들을 갖추면, 학생들은 독서와 토론을 통해 더 다양한 지식과 경험을 쌓고, 이를 바탕으로 자신의 학습과 성장에 긍정적인 영향을 미칠 수 있다.

V

효율적인
독서법

효율적인 독서 방법은 사람들이 책을 더욱 효과적으로 읽을 수 있도록 도와주는 중요한 요소이다. 독서는 우리의 지식을 넓히고 사고력을 향상하는 데 매우 중요한 역할을 한다. 그러나 대다수는 시간이 부족하다는 핑계로 책을 제대로 읽지 못하고 있다. 여기서는 효율적인 독서 방법에 대해 알아보기로 한다.

1. 효율적인 독서의 과정과 절차

효율적인 독서를 위해서는 다음과 같은 과정을 따른 것이 좋다(황금숙 외, 2011; 최영임, 2009; Nattall, 2016). 첫째, 목표를 설정한 후 책을 읽는다. 독서를 시작하기 전에 읽을 책의 목적과 의도를 정확히 이해하고 목표를 설정한다. 어떤 것을 배우고자 하는지, 어떤 지식을 습득하고자 하는지 등을 명확히 한다.

둘째, 선정한 책을 스캔한다. 책의 목차, 서론, 후기, 챕터 요약 등을 빠르게 훑어보고 전반적인 내용과 구조를 파악한다. 이렇게 하면 책을 읽을 때 더 잘 이해하고 읽기 편해진다.

셋째, 책을 읽을 때 집중력을 유지하고 장소와 시간을 설정하여 집중해서 읽는다. 중요한 내용이나 인상이 깊은 부분은 메모해 두고, 이해가 안 되는 부분은 다시 읽거나 추가적인 자료를 찾아보면서 이해도를 높인다.

넷째, 요약 및 정리를 한다. 각 챕터나 장을 읽은 후에 요약을 작성하고 중요한 내용을 정리한다. 이를 통해 책의 내용을 복습하고 이해도를 높일 수 있다.

다섯째, 토의 및 공유를 한다. 독서한 내용을 다른 사람과 토의하거나 공유해 보면서 다른 시각과 이해를 받아들일 수 있다. 책을 읽고 얻은 인사이트를 공유함으로써 더 많은 학습과 성장을 이룰 수 있다.

여섯째, 적용 단계이다. 독서를 통해 얻은 지식이나 통찰을 현실에 적용해 보고 실천해 보는 것이 중요하다. 읽은 것을 실제로 실행에 옮겨 보면서 책에서 얻은 가치를 실제로 경험하고 익힐 수 있다. 이러한 과정을 거쳐 효율적으로 독서를 할 수 있으며, 지식을 습득하고 성장하는 데 큰 도움이 된다.

일곱째, 효율적인 독서 방법은 적절한 시간과 장소를 설정하는 것으로 시작된다. 독서를 할 때는 조용한 장소와 집중할 수 있는 시간을 선택하는 것이 중요하다. 또한 스마트폰이나 다른 디바이스를 최소한으로 사용하여 집중력을 유지하는 것도 독서의 효율성을 높일 수 있다.

여덟째, 독서 속도를 향상하는 방법도 효율적인 독서의 요소 중 하나이다. 읽는 속도는 개인마다 다르겠지만, 속독을 실천하거나 필요한 부분만 읽고 건너뛰는 발췌독을 사용함으로써 독서 속도를 향상할 수 있다. 또한 중요한 내용을 강조하기 위해 하이라이트를 사용하거나 요약을 작성하여 읽은 내용을 잊지 않도록 하는 것도 효율적인 독서 방법 중 하나이다.

효율적인 독서 방법은 우리의 시간과 노력을 아끼면서도 동시에 더 많은 지식을 습득할 수 있는 방법이다. 책을 효율적으로 읽는 것은 우리의 인지 능력을 높이고 새로운 아이디어를 습득하는 데 큰 도움이 된다. 따라서 독서를 통해 더 나은 사고력과 인생을 위해 효율적인 독서 방법을 찾아 실천하는 것이 중요하다.

2. 효율적인 독서의 기술

효율적인 독서를 위해 몇 가지 기술과 권고 사항을 소개한다(Kim, 1978; 이종선, 1989; 최예정 외, 2009; Nattall, 2016). 첫째, 집중력 유지이다. 독서를 할 때는 주변의 방해 요소를 최소화하고 집중력을 유지해야 한다. 집중을 방해하는 것을 의도적으로 차단하는 노력이 필요하다.

둘째, 스피드 리딩과 요약이다. 스피드 리딩 기술을 익히고 중요한 내용을 파악하면서 빠르게 책을 읽어 나갈 수 있다. 읽은 내용을 요약하거나 중요한 부분을 메모해 두면 기억에 남는 내용을 보다 쉽게 되짚어 볼 수 있다. 스피드 리딩은 속독 부분에서 더 깊이 다뤄 보기로 한다.

셋째, 질문하면서 읽기이다. 독서를 하면서 궁금한 점이나 이해가 안 되는 부분이 있으면 질문을 하면서 읽어 본다. 이를 통해 더 깊이 있는 이해를 얻을 수 있다.

넷째, 다각도로 분석하면서 읽는다. 책을 읽을 때 여러 관점에서 분석해 보는 것이 좋다. 작가의 의도, 책의 흐름, 등장인물의 성격 등 다양한 요소를 고려하며 읽는다.

다섯째, 정리와 복습이다. 독서를 마친 후에는 읽은 내용을 정리하고 복습하는 것이 중요하다. 중요한 내용이나 인상적인 부분을 다시 한번 되새기며 기억을 강화해 본다.

여섯째, 다양한 장르와 주제를 탐색한다. 독서할 때, 자신의 관심 분야나 성향에 맞는 책뿐만 아니라 다양한 장르와 주제의 책을 읽어 보는 것이 좋다. 새로운 시간과 지식을 얻을 수 있을 뿐만 아니라 독서의 즐거움을 더욱 풍부하게 만들어 줄 수 있다. 이러한 기술과 권고 사항을 참고하여 효율적이고 즐거운 독서 습관을 만들어 보길 권장한다.

3. 전략적인 독서 방법들

전략적인 독서 방법은 독서 효율성을 높이고 이해도를 향상하는 데 도움을 준다. 몇 가지 전략적인 독서 방법을 소개해 본다(Biringkanae, 2018; Jannah, 2018; Bakhtiar, 2019). 첫째, SQ3R이다. SQ3R은 독서 전략 중 하나로, 독서를 효과적으로 하는 방법을 단계별로 제시한다.

SQ3R은 다음과 같은 단계로 구성된다. Survey(조사) 단계는 먼저 읽을 책이나 글의 전체 내용을 대략적으로 훑어보는 단계이다. 제목, 부제, 목차, 그림, 요약 등을 살펴보면서 전반적인 내용을 파악한다. Question(질문) 단계는 조사를 통해 파악한 내용을 바탕으로 읽기 전에 질문을 세우는 단계이다. "이 책에서 무엇을 알 수 있을까?", "이떤 내용을 중점적으로 읽어야 할까?" 등의 질문을 미리 세워 둘 수 있다. Read(읽기) 단계에서는 질문을 세운 후 실제로 텍스트를 읽는 단계이다. 집중해서 읽기, 중요한 부분을 강조하거나 메모하는 등의 활동을 통해 내용을 이해하고 파악한다. Recite(복기) 단계는 읽은 내용을 되새기고 복습하는 단계이다. 읽은 내용을 요약하거나 다시 말로 표현해 보면서 기억력을 강화하고 이해도를 높일 수 있다. Review(복습) 단계는 복기를 통해 핵심 내용을 숙지한 후에 전체적인 내용을 다시 한번 복습하는 단계이다. 요약본을 만들거나 핵심 내용을 다시 한번 살펴보며, 기억에 남도록 내용을 정리한다

(Bakhtiar, H., 2019). 기억력을 강화하는 데 도움을 줄 수 있는 유용한 전략이다. 이를 활용하여 효과적이고 효율적인 독서 습관을 기를 수 있다.

둘째, 마인드맵을 작성하는 방법이다(이미숙 외, 2019). 마인드맵은 아이디어를 시각적으로 구조화하고 정리하는 데 도움을 주는 도구로, 독서 내용을 정리하거나 아이디어를 시각적으로 표현할 때 유용하다. 마인드맵을 작성하는 과정을 간단히 알아보자.

우선, 중심 주제를 선택한다. 마인드맵의 중심에 둘 중심 주제 또는 주요 주제를 선택한다. 이 주제는 작은 가지를 통해 다른 아이디어들과 연결된다. 다음으로 가지를 추가한다. 중심 주제 주변에 중심 주제와 연관된 다른 주제나 아이디어에 해당하는 작은 가지를 추가한다. 이어서 각 가지에서 더 세부적인 아이디어를 나타내는 작은 가지들을 추가한다.

다음은 색상과 그래픽을 사용하는 단계이다. 각 가지나 노드에 색상이나 그래픽 요소를 활용하여 시각적인 구분을 줄 수 있다. 이를 통해 주요 아이디어를 강조하거나 연관된 아이디어를 시각적으로 연결할 수 있다. 그다음 단계에서는 계층 구조를 유지한다. 마인드맵은 계층 구조를 유지하면서 정보를 시각화한다. 상위 주제에서 하위 주제로 이어지는 관계를 명확히 표현하여 구조를 파악하기 쉽게 해야 한다. 다음은 요약과 정리 단계이다.

마인드맵 작성이 끝나면 전체적인 내용을 요약하고 정리하는 것이 중요하다. 각 노드나 가지에 대한 설명이나 연결 관계를 명확하게 정리하여 정보를 보다 쉽게 이해할 수 있도록 도와준다.

끝으로 연습과 응용 단계이다. 마인드맵 작성은 연습을 통해 숙달되는 기술이다. 다양한 주제에 대해 마인드맵을 작성해 보면서 이 기술을 익혀 보고, 독서 내용이나 아이디어 정리에 활용해 본다(이미숙 외, 2019). 마인드맵을 작성함으로써 독서 내용을 시각적으로 정리하고 구조화하여 이해도를 높일 수 있다. 시각적인 요소를 활용하여 정보를 시각적으로 표현하면서 더욱 효과적으로 기억하고 이해할 수 있다.

셋째, 수준별 독서법이다. 수준별 독서법은 독서를 하는 사람의 독서 능력과 흥미 수준에 맞춰 다양한 방법을 제시하여 효과적이고 재미있는 독서 경험을 제공하는 방법론이다(김명희, 2014).

먼저, 초급자를 위한 독서법은 기본적인 어휘와 문법을 익히는 것에 중심을 둔다. 초급자의 경우에는 쉬운 도서나 그림책부터 시작하여 단어나 문장 구조를 익히며 읽는 습관을 길러야 한다. 또한 이미지나 그림이 많이 포함된 책을 활용하여 독해 능력을 향상시키고 흥미를 끌어야 한다.

중급자를 위한 독서법은 좀 더 복잡한 문장과 내용을 다루는 책을 읽는 것을 권장한다. 중급자는 다양한 장르와 주제의 도서를 접하며 독해력을 강화하고 학습하는 도구로 활용해야 한다. 또한 중급자의 경우 독서 일기나 요약 문장을 작성하여 읽은 내용을 정리하고 이해를 굳히는 연습이 필요하다.

　고급자를 위한 독서법은 복잡한 어휘와 문장 구조를 이해하고 해석하는 능력을 갖추는 것을 목표로 한다. 고급자는 전문적인 학술도서나 문학 작품을 읽으며 지식과 감정을 향상시키고, 논리적 사고와 비평적 사고를 발전시켜야 한다. 또한 다른 사람과 읽은 책에 대해 토론하거나 리뷰를 쓰는 등 활발한 소통을 통해 독서 경험을 공유하고 확장하는 것이 중요하다. 아들러의 수준별 독서법은 독서자의 수준과 관심사에 맞게 맞춤형으로 제시되는 방법론으로, 독서를 통해 지식과 감성을 향상시키는 데 큰 도움이 될 것이다. 따라서 독서에 대한 관심과 열정을 가지고 다양한 방법을 시도해 보며 즐거운 독서 경험을 만들어 나가길 바란다.

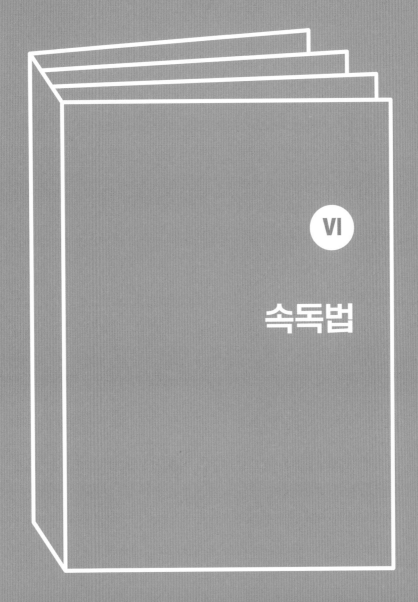

VI

속독법

속독법은 어떤 텍스트가 주어졌을 때, 그 내용을 빠르게 이해하고 파악하기 위한 독해 방법이다. 이는 특히 시험을 준비하거나 빠르게 정보를 습득해야 하는 상황에서 유용하다. 속독법을 사용하기 위해서는 몇 가지 기본적인 원칙을 따라야 한다(김현진, 2012; 임병빈, 2007; 김병선, 2019; 최정수, 2022). 먼저, 텍스트의 구조와 주요 내용을 파악하는 것이 중요하다. 이를 위해 빠르게 텍스트를 훑어보고 중심 내용을 파악하는 것이 도움이 된다.

다음으로, 텍스트의 중요한 부분을 강조하고 요약하는 것이 속독법의 핵심이다. 이를 위해 각 단락이나 섹션의 핵심 아이디어를 뽑아내고, 그것들을 연결하여 전체 내용을 이해하는 것이 필요하다.

더불어, 속독을 통해 정보를 빠르게 이해하기 위해서는 단어나 구절을 외우는 능력이 중요하다. 이를 위해 필수적인 용어나 중요한 문장을 기억하고, 필요할 때마다 회상하여 정보를 되새김하는 습관을 갖는 것이 도움이 된다. 빠른 독해 능력은 정보를 효율적으로 습득하고 이해하는 데에 큰 도움이 된다. 이를 위해 속독법은 현대인에게 필수적인 방법이라고 할 수 있다. 속독법을 통해 정보를 빠르게 습득하는 것은 중요하지만, 이를 통해 얻은 정보를 심층적으로 이해하고 분석하는 것이 더 중요하다. 속독법을 통해 빠르게 정보를 파악하는 능력을 향상시키면서도, 해당 정보를 실질적으로 활용하고 응용할 수 있는 능력을 함양하는 것이 중요하다. 결과적으로, 속독법은 효율적인 정보 파악을 위한 중요한 전략이기에 이 장에서는 독립된 전략으로, 심층적으로 알아보기로 한다.

1. 속독의 의미

우리는 속독이라 하면 단순히 글을 빨리 읽는 것으로 생각한다. 그러나 단순히 글을 빨리 읽는 것을 속독이라 할 수 없다. 왜냐하면 글을 읽는 목적은 글자를 읽는 것이 아니라 그 내용을 파악하여 지은이의 중심 생각을 독파하는 것이기 때문이다. 속독이란 내용 이해를 바탕으로 빠르게 읽을 수 있는 능력이다. 즉 파악한 내용을 바탕으로 논리적으로 재구성하고 체계화하여 문제를 해결하거나 자신의 생각을 보태는 것이다(오철록 외, 2010; Im, 2001). 이 과정에서 독서를 통한 논리적 사고와 창의력과 상상력이 길러지는 것이다. 그런데 지금까지의 속독법은 속도에 치중한 나머지 내용 파악과 논리적 재구성에는 소홀한 측면이 있다.

그렇다면 어느 정도 속도로 읽어야 속독이라 할 수 있는가? 독서의 목적이나 책의 난이도에 따라서 다르겠지만 대체로 1분에 200단어 정도에 50~70%의 이해도가 최적의 속도라고 한다. 부잔(Buzan)에 따르면 영어 기준으로 읽기속도는 〈표 1〉과 같다. 따라서 분당 400단어 이상을 80%의 속도로 읽을 수 있으면 속독 능력을 갖췄다고 할 수 있다. 여기서 특이한 점은 속도가 올라갈수록 오히려 이해도가 향상된다는 점이다. 지금까지 우리는 천천히 읽을수록 이해도가 높아진다고 알고 있었다. 많은 사람들은 속독을 하면 이해도가 그 속도에 비례하여 줄어드는 것이 아니냐는 것이다. 실제 학자들의 기존 연구에서도 속도와 이해도가 반비례 관계에 있다고 믿었다. 그러나 20세기 이후 뇌과학의 발달로 여러 실험을 거치면서 최근에는 적절한 훈련을 거친 경우, 이해도와 속도는 정비례 관계에 있음이 밝혀지고 있다.

<표 1> 독자에 따른 읽기속도와 이해도

독자 구분	읽기속도(분당)	내용 이해도
상위 1%	1000단어 이상	80% 이상
상위 10%	800-1000단어 이상	80% 이상
조직적인 독자	400단어 정도	70-80%
평균 독자	200-240단어	50-70%
평균 이하 독자	10-100단어	30-50%

출처: 김현진, 2012. 『속독 훈련이 읽기 속도와 독해력에 미치는 영향』 p. 29

부잔(Buzan)의 연구는 현대과학의 결과를 반영하고 있다. 결과적으로 속독을 익히면 이해도가 증진될 수 있다. 실제로 속독은 단어의 의미를 생각 단위로 묶어 형성하고, 이를 의미 단위로 또는 머릿속 그림으로 이해하는 과정을 거친다. 따라서 진정한 속독이란 글을 읽을 때 단어를 생각 단위로 최대한 빨리 읽으면서 내용을 정확히 이해하는 것이다. 즉 뛰어난 속독법이란 잔재주와 같은 단순한 테크닉이 아니라 종합적인 독서 능력을 의미한다. 책의 내용이나 레벨에 맞춰 전략적이고 가장 적절한 속독 기술을 구사할 수 있게 하는 것이다. 속독은 문자와 기호 그 자체를 읽는 것이 아니라 문자와 기호로부터 의미를 신속 정확하게 이해하는 것이다. 어린아이가 부모 앞에서 여러 가지 이야기를 주저리주저리 할 때 눈치 빠른 부모는 아이가 용돈이 필요함을 파악할 수 있듯이, 우리는 독서를 통해 작가가 전달하고자 하는 핵심을 파악할 수 있다. 속독은 이러한 핵심 파악 능력을 길러 주는 좋은 독서 방법 중 하나이다.

2. 속독의 장점과 단점

1) 속독의 장점

속독은 독서 속도를 높이기 위한 기술로, 읽는 속도를 빠르게 하고 동시에 이해도를 높이는 것을 목표로 한다. 이 기술의 장점은 여러 가지가 있다(김현진, 2012; 이준엽 외, 2002). 첫째로, 속독은 시간을 절약할 수 있다. 보통 사람들은 일반적으로 분당 200~300단어의 속도로 독서를 하지만, 속독 훈련을 통해 분당 500단어 이상의 속도로 독서를 할 수 있다. 이는 책을 더 빠르게 읽고 학습할 수 있는 장점을 제공한다.

둘째로, 속독은 집중력을 향상시킨다. 일반적인 독서는 급진적인 속도의 변화가 없기 때문에, 독자는 흥미를 잃고 지루해질 수 있다. 그러나 속독은 지속적인 독서 속도의 변화를 통해 독자의 관심을 유지하고 집중력을 높일 수 있다.

마지막으로, 속독은 정보를 효과적으로 처리할 수 있다. 빠른 독서 속도는 무수히 많은 정보를 빠르게 인식하고 이해할 수 있는 능력을 키워 준다. 이는 업무 혹은 공부에서 필요로 하는 정보를 빠르게 습득하는 데 도움이 된다. 전반적으로, 속독은 독서 속도를 높이는 것뿐만 아니라 독서 경험을 향상시키고, 정보를 효과적으로 처리하는 능력을 키우는 데 도움이 된다. 이는 현대 사회에서 필수적인 능력의 하나로 여겨질 수 있으며, 누구나 속독을 연습하여 개인적인 성장과 발전을 이룰 수 있다.

2) 속독의 단점

속독은 최근에 주목을 받는 학습 기술이다. 이는 빠른 속도로 텍스를 읽어 강조된 단어나 문장을 이해하기 위한 기술로, 효율적인 시간 관리와 정보 습득을 위해 적합하다고 여겨지고 있다. 그러나 속독은 몇 가지 단점을 가지고 있어서 주의가 필요하다(김현진, 2012; 이준엽 외, 2002; 최정수, 2022).

첫째, 속독은 상세한 이해보다는 전반적인 내용을 빠르게 파악하는 것에 초점을 맞추고 있다. 이는 텍스트의 깊은 내용을 이해하는 데 어려움을 줄 수 있고 중요한 세부 사항을 놓칠 수 있는 가능성이 있다. 결과적으로, 속독은 텍스트를 효과적으로 이해하는 것보다는 빠른 읽기속도에만 주목하게 된다.

둘째, 속독은 독해력을 훼손시킬 수 있다. 텍스트를 빠르게 훑어가면서 단어나 문장을 신속하게 인식하는 기술은 독해력을 향상시키는 데에는 도움이 되지 않을 수 있다. 심지어는 긴 시간 동안 속독을 계속하면서 독해력이 감퇴할 수도 있다.

셋째, 속독은 텍스트의 내용을 골고루 읽는 것을 방해할 수 있다. 빠른 속도로 텍스트를 읽을 때, 중요한 부분과 덜 중요한 부분을 구분하기 어려울 수 있고, 결과적으로 중요한 내용을 소홀히 할 수 있다.

결론적으로 속독은 효율적인 시간 관리를 위해 유용한 기술이지만, 몇 가지 단점을 가지고 있어서 주의가 필요하다. 속도를 중요시하는 속독을 통해 이해력이나 독해력이 희생되는 것을 방지하기 위해서는 균형 있는 학습 방법과 전략을 채택하는 것이 중요하다.

3. 속독 훈련의 효과

속독 훈련은 글을 신속하게 이해하고 처리하는 능력을 향상시키는 중요한 방법의 하나이다. 속독 훈련은 증가한 정보처리 능력, 전문지식 습득, 증진된 학습 능력 등의 여러 가지 이점을 제공한다. 이러한 이유로 속독 훈련은 많은 사람들에게 권고되고 지속적으로 실시되는 훈련 방법 중 하나이다(이준엽 외, 2002; 오철록 외, 2010).

1) 시간 절약

속독 훈련의 효과를 살펴보면, 먼저 속독 훈련은 시간을 절약하는 데 도움을 준다. 급변하는 현대 사회에서는 정보가 빠르게 전달되고 처리되어야 하는데, 속독 훈련을 통해 더 빠르고 효과적으로 정보를 이해하고 처리할 수 있다. 이는 업무나 학습 등 다양한 환경에서 시간을 효과적으로 활용하는 데 도움이 된다.

2) 학습 능력 및 업무 역량의 향상

속독 훈련은 학습 능력을 향상하는 데 도움을 준다. 속독 훈련을 통해 글을 빠르게 읽고 이해할 수 있게 되면, 학습 능력이 증진된다. 새로운 지식을 손쉽게 습득하고 이해하여 지식을 쌓아 나갈 수 있게 되는데, 이는 학습 성과와 업무 성과를 향상시키는 중요한 요소이다.

3) 읽기 능력과 글쓰기 능력 향상

속독 훈련은 속도의 향상과 더불어 이해도를 증진시키는 것이다. 또한 속독 훈련으로 시간을 절약할 수 있어서 같은 책을 여러 번 읽을 수 있다. 물론 다양한 분야의 책을 읽을 수도 있다. 이러한 경우 폭넓은 독서를 통해 배경지식(schema)이 쌓이고, 논술 실력을 향상시킬 수 있는 토대가 마련된다.

4) 집중력 향상

독서를 자동차 주행에 비유하면 속독은 자동차를 시속 200km 이상으로 달리는 것과 같다. 200km가 넘는 속도로 차를 몰아 본 사람들이 공통으로 하는 말은 빨리 달릴수록 집중력은 더 좋아진다는 것이다. 현재 속독 기네스 기록 보유자인 버그(Berg)는 분당 1만 4000자를 읽는다고 한다. 버그도 한 인터뷰에서 빨리 읽을수록 집중력이 좋아졌다고 한다. 이 경우 뇌의 전이 효과로 인해 다른 분야의 학업 및 일상생활에서도 집중력을 발휘할 수 있다. 속독 훈련을 하면 뇌를 자극하여 집중력이 길러지고, 이렇게 길러진 집중력은 다시 독서 속도를 올리게 된다. 속독 훈련이 가져온 선순환 효과이다.

4. 실전 속독 훈련

   속독의 필요성은 최근 각종 시험만 살펴보아도 알 수 있다. 예를 들어, 대학수학능력시험에서 지문의 길이는 예전 학력고사 시절의 5배가 넘는다. 공직적격성검사(PSAT), LEET, MEET, DEET, SSAT 등의 시험도 마찬가지이다. 오히려 수능보다 그 정도가 더 심하다. 보통 사람이 1-2분 내에 풀기에는 불가능한 수준의 길이로 지문이 출제되고 있다. 정확한 내용 파악을 전제로 한 속독이 이루어지지 않고서는 점수를 획득하기 어려운 지경이다.

1) 나의 독서 능력

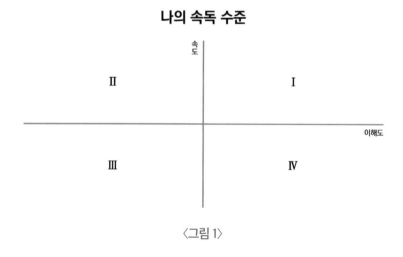

〈그림 1〉

앞의 그래프는 세로축을 속도, 가로축을 이해도로 하여 자신의 독서 능력을 파악하기 위한 그림이다.

Ⅰ 유형에 속하는 사람은 이해도와 속도가 좋은 경우로 속독을 할 필요가 없는 유형이다.

Ⅱ 유형에 속하는 사람들은 속도는 높으나 이해도가 떨어지는 경우이다. 이 유형은 성격상 글자를 대충대충 읽거나 배경지식이 부족하여 글자만 읽을 뿐 글의 내용을 파악하지 못하는 경우이다.

Ⅲ 유형에 속하는 사람들은 속도와 이해도가 모두 부족한 경우이다. 이 유형은 대부분 여러 가지 이유로 책을 멀리했거나, 독서 습관이 형성되지 않는 경우이다. 이 경우에는 우선 속도의 향상보다 이해도의 증진에 집중하는 것이 좋다. 특히 책을 읽을 때 자신의 수준에 맞는 초급자용 도서를 선정할 필요가 있다. 자신의 나이보다 아주 쉬운 동화책이나 만화책을 읽는 것부터 시작한다.

Ⅳ 유형의 경우 이해도는 높으나 속도가 떨어지는 경우이다. 너무 꼼꼼하게 독서를 하는 사람이 많이 속하는 유형이다. 이런 사람들은 완벽하게 한 글자씩 이해하지 않으면 직성이 풀리지 않는 유형으로 가장 속독이 필요한 경우라 할 수 있다. 이 부류의 사람들은 속도를 요구하는 문제를 푸는 데 어려움을 겪는다. 학생들의 경우 학교 내신 점수는 높지만, 모의고사 점수가 낮은 경우 대부분 이 유형에 속하는 경우가 많다. 이 유형은 다

른 유형에 비해 속독 훈련이 꼭 필요하다. 속독을 시작하기 전에 우선 자기가 4가지 유형 중 어느 유형에 속하는지 파악한 후 전략적으로 속독 훈련을 하는 것이 좋다.

2) 속독 훈련

(1) 마음가짐

속독 훈련은 독서 능력을 향상시키기 위한 훈련 방법 중 하나로, 글 속의 내용을 이해하고 파악하는 능력을 강화하는 기술이다. 이는 독해 능력을 향상시키는 데 중요한 역할을 한다. 속독 훈련을 통해 글을 빠르고 정확하게 읽을 수 있게 되면, 다양한 자료를 빠르게 숙지하고 이해하는 능력을 키울 수 있을 뿐만 아니라 학습 효율을 높일 수 있다.

속독 훈련을 수행할 때 중요한 것은 마음가짐이다. 처음부터 완벽한 속독 능력을 기대하면 실망하고 포기할 수 있기에, 꾸준히 노력하고 차근차근 발전해 나가려는 마음이 필요하다. 어려운 부분이 있더라도 포기하지 않고 끝까지 노력하며 성취감을 느끼는 것이 중요하다.

또한 속독 훈련을 위해서는 집중력과 인내심이 필요하다. 글을 읽는 동안 외부요인에 쉽게 흩어지지 않고 집중력을 유지하는 능력이 중요하다. 또한 어려운 부분을 만나더라도 인내심을 갖고 속독 훈련을 실천한다면 점차 속독 능력을 향상시킬 수 있을 것이다.

속독 훈련의 마음가짐은 속독 능력 향상을 위한 핵심적인 부분이다. 꾸준한 노력과 인내심을 가지고 차근차근 발전해 나가는 자세가 중요하다. 속독 능력 향상을 위해서는 주어진 과제에 최선을 다하고 스스로를 믿는 마음가짐이 필요하다. 이를 통해 속독 능력을 향상시키고 더 넓은 지식과 정보를 습득하는 데 도움이 될 것이다. 함께 노력하여 속독 능력을 향상시키는 즐거움을 느껴 보자.

(2) 속독 훈련의 습관화

속독 훈련은 학습에서 중요한 부분이다. 속독 훈련을 통해 우리는 효과적으로 정보를 습득하고 실력을 향상시킬 수 있다. 속독 훈련 습관은 독해 실력 향상에 큰 도움을 줄 수 있으며, 학습 효율을 높일 수 있다.

속독 훈련은 읽기속도를 빠르게 만들어 주고, 단어를 습득하는 속도를 증가시켜 준다. 또한 속독 훈련을 통해 학생들은 문장을 이해하는 능력을 향상시킬 수 있다. 속독 훈련 습관을 기르기 위해서는 매일 꾸준히 읽는 것이 중요하다. 또한 적절한 도구와 방법을 사용하여 속독 훈련을 실천하는 것도 중요하다. 속독 훈련을 통해 우리는 어휘력을 향상시키고, 문장을 더 빠르게 이해할 수 있다.

속독 훈련은 한글을 잘 읽고 쓰기 위해 필요한 기본적인 요소이다. 속독 훈련 습관을 기르는 것은 한글 공부의 성공을 이루는 데 있어서 중요한 요소이며, 꾸준한 노력과 열정이 필요하다. 속독 훈련을 통해 우리는 한글 실력을 획기적으로 향상시킬 수 있고, 한글을 능숙하게 사용할 수 있는 능력을 갖출 수 있다. 따라서 속독 훈련 습관을 기르는 것은 우리에게 매우 중요한 일이다.

한편으로, 속독 훈련은 잘못된 독서 습관을 고치는 과정이다. 습관이란 한자로는 習慣(습관)이다. 習은 羽(깃)와 白(일백)이 합쳐진 것으로 새가 날기 위해서는 백 번 이상 날갯짓을 해야 한다. 속독 훈련은 반복 훈련으로 나쁜 독서 습관을 고치는 것으로 100번이 아니라 천 번 이상의 훈련이 필요하다. 왜냐하면 잘못된 방법을 교정한 후 새로운 방법을 익혀야 하기 때문이다. 독서를 수영에 비유하자면 개헤엄을 익힌 사람이 자유형을 배우기 위해서는, 처음부터 자유형을 익힌 사람보다 수십 배 더한 노력을 해야 한다는 것과 같은 이치이다.

가. 시폭 확대 훈련

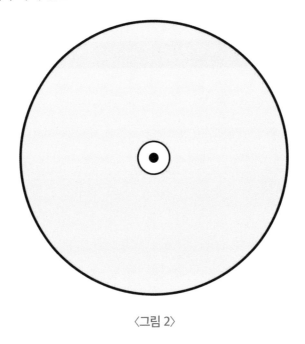

〈그림 2〉

본 훈련의 방법은 콧날을 위에 보이는 가운데 작은 원에 고정한 후 눈을 부릅뜨고 바깥 원 전체를 한꺼번에 바라보는 것이다. 이때 눈동자를 돌리지 말고 최대한 눈을 깜박이지 않는다. 최소 3분 이상 집중한다. 이 훈련은 시폭을 확대하는 것으로, 태권도에 비유하면 다리 찢기와 유사하므로 여러 가지 어려움이 따른다. 눈물이 나기도 하고 심지어 콧물이 나기도 한다. 이때에도 바로 휴지나 손수건 또는 손으로 닦거나 비비지 말고 그대로 흘리는 것이 좋다.

나. 시점 이동 훈련

▶ 1단계

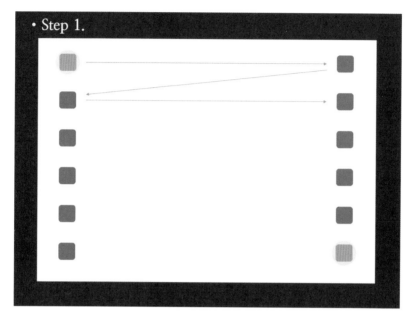

〈그림 3〉

본 훈련은 왼쪽 점에서 오른쪽 점으로 눈동자(시점)를 이동하면서 한 줄씩 차례로 내려간다. 이 훈련을 본인의 최대속도의 30%로 천천히 10회 이상 반복한다. 이때 주의할 점은 한 칸씩 빠지지 말고 이동한다는 것이다. 다만 빠뜨렸을 경우 뒤로 돌아가지 말고 계속 앞으로 나아가야 한다.

▶ 2단계

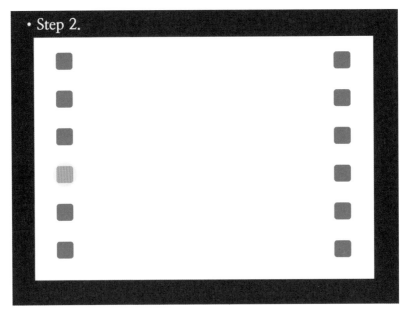

〈그림 4〉

　본 훈련은 왼쪽 점에서 오른쪽 점으로 눈동자(시점)를 이동하면서 한 줄씩 차례로 내려간다. 이 훈련을 본인의 최대속도의 60%로 10회 이상 반복한다. 이때 주의할 점은 한 칸씩 빠지지 말고 이동한다는 것이다. 다만 빠뜨렸을 경우 뒤로 돌아가지 말고 계속 앞으로 나아가야 한다.

▶ 3단계

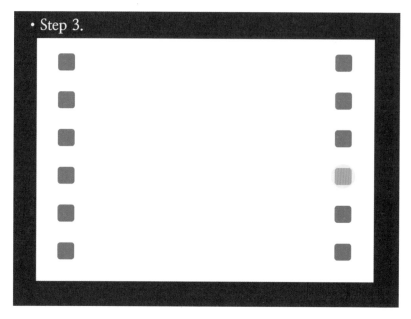

〈그림 5〉

본 훈련은 왼쪽 점에서 오른쪽 점으로 눈동자(시점)를 이동하면서 한 줄씩 차례로 내려간다. 이 훈련을 본인의 최대 속도로 빠르게 10회 이상 반복한다. 이때 주의할 점은 한 칸씩 빠지지 말고 이동한다는 것이다. 다만 빠뜨렸을 경우 뒤로 돌아가지 말고 계속 앞으로 나아가야 한다.

MZ세대의 독서토론

다. 훈련 습관 들이기

속독을 익히기 위해서 가장 중요한 것은 무엇보다 제대로 된 독서 습관을 기르는 것이다. 영국 런던대학교의 제인 워들(Jane Wardle) 교수에 따르면 습관을 들이는 데는 평균 66일이 걸린다고 한다. 그러나 개인이 66일 동안 같은 일을 반복하는 것은 어렵다. 이러한 문제를 해결하기 위해 파워포인트에서 슬라이드 쇼로 작동하는 15분 분량의 훈련프로그램을 별도로 제공하려고 한다.

속독 훈련의 효과를 최대로 누리기 위해서는 꾸준한 연습이 필요하다. 속독 훈련은 일시적인 훈련이 아니라 꾸준한 노력과 지속적인 연습이 필요한 훈련 방법이기 때문이다. 매일 속독 훈련을 실시하여 속독 능력을 향상시키는 노력을 기울이면, 속독 훈련의 효과를 더욱 크게 누릴 수 있을 것이다.

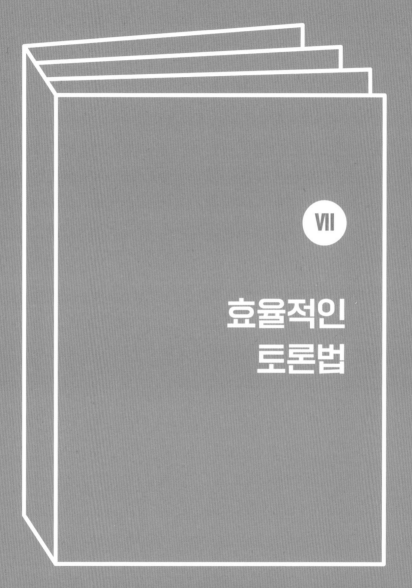

VII

효율적인
토론법

효율적인 토론법은 의견을 교환하고 논쟁을 진행할 때 사용되는 중요한 능력이다. 토론은 서로 다른 의견을 가진 사람들 간에 의사소통을 통해 문제를 해결하거나 결론을 도출하기 위한 과정이다. 따라서 효율적인 토론법은 효과적인 의사소통과 논리적, 합리적인 주장을 통해 상대방에게 자신의 의견을 설득하는 데 도움을 준다.

1. 토론의 의미

토론이란 사람들 간에 의견이 다를 때 서로의 견해를 나누고 토의하는 과정을 말한다(황지원, 2013). 이는 어떤 문제나 주제에 대해 다양한 관점과 의견을 듣고 이를 비판하며 새로운 아이디어를 만들어 내는 활동으로, 사회적으로 매우 중요한 역할을 한다(이광모, 2007; 황지원, 2013).

먼저, 토론은 의견을 교환하고 서로를 이해하며 합의점을 찾아가는 과정을 통해 소통과 이해를 촉진한다. 서로 다른 의견을 가진 사람들이 모여 토론을 통해 서로의 관점을 이해하고 존중함으로써 대화를 이어 가고 서로 간의 신뢰를 형성할 수 있다. 이는 개인 간의 소통부터 기업이나 정부, 사회 전반에 이르기까지 다양한 관계에서 필수적인 요소이다.

또한, 토론은 새로운 아이디어나 해결책을 도출하는 데 큰 역할을 한다. 서로 다른 의견을 갖는 사람들이 토론을 통해 자신의 주장을 논리적으로 구성하고 다른 사람의 의견을 듣고 반박하며 새로운 시각을 확보할 수 있다. 이를 통해 문제에 대한 다양한 관점을 고려하고 종합적인 판단을 내릴 수 있으며, 현재의 상황을 개선하거나 새로운 방향을 제시할 수도 있다. 토론은 학교나 직장, 정치, 조직 등 다양한 분야에서 활발하게 이루어지며 중요한 의사 결정을 내리는 과정에서도 중요한 역할을 한다. 토론을 통해 참가자들은 문제에 대해 깊이 있는 이해를 도모하고 다양한 관점을 고려하며 더욱 신중하고 합리적인 결정을 내릴 수 있다.

　토론은 논리적인 사고와 설득력 있는 논거를 통해 전략적으로 의견을 주장하고 상대방을 설득하는 기회를 제공한다. 이를 통해 참가자들은 자신의 주장을 타인에게 전달하는 방법을 발전시키고 소통 능력을 향상시킬 수 있다. 또한 토론은 대화와 토론 기술을 통해 대화 능력과 리더십 능력을 향상시키는 데 도움을 준다. 하지만 토론은 단순히 의견을 주고받는 것이 아니다. 토론은 상대방의 의견을 존중하고 비판적으로 분석하는 과정을 거쳐야 한다. 논리적으로 주장하고 상대방의 주장을 이해하며 상호 간의 존중과 화합을 도모하는 것이 토론의 본질이다. 좋은 토론은 문제를 해결하고 참가자들 간의 이해와 협력을 증진하는 데 기여한다. 토론을 통해 다양한 의견을 수렴하고 개선점을 찾아내며 구성원들 간의 심리적인 거리를 줄일 수 있다. 그 결과로 조직이나 집단이 더 효율적으로 협력하고 성과를 달성할 수 있게 된다.

2. 토론의 유사 개념

토론과 유사한 개념으로는 토의가 있다.

1) 토의의 의미

토의는 주제나 문제에 대해 다양한 의견을 제시하고 이를 분석하며 해결책을 찾는 과정을 의미한다(이지영 외, 2012; 박일수, 2012). 토론과 마찬가지로 토의도 의견을 교환하고 다양한 관점을 고려하여 문제를 해결하려는 노력이 담겨 있다.

토의를 통해 다양한 의견을 수용하고 분석하는 과정을 통해 문제에 대한 명확한 해결책을 도출할 수 있다. 또한 다양한 전문가나 관련 이해관계자들의 의견을 수렴하여 보다 효율적인 결정을 내릴 수 있는 장점이 있다.

토의는 단순히 의견을 말하는 것에 그치지 않고, 진지하게 문제를 다루고 적극적인 토론을 통해 논리적이고 합리적인 결론을 이끌어 내는 것이 중요하다. 이런 이유로 토의는 팀워크와 협업 능력을 키우는 데에도 큰 도움이 될 수 있다.

토의는 협력적인 과정으로, 참가자들이 서로의 의견을 존중하고 이해하려는 태도를 갖출 때 효과적으로 이루어진다. 이는 갈등을 해결하고 공동의 목표를 달성하는 데 중요한 역할을 한다. 토의는 어떤 문제에 대해 다양한 관점을 제시하고, 이를 통해 최선의 해결책을 찾는 과정이다. 여러 사람의 의견을 종합하여 더 나은 결론을 도출할 수 있다. 토의는 정보와 지식을 공유하는 과정으로, 참가자들이 서로의 경험과 전문지식을 나눔으로써 더 나은 이해와 통찰을 얻을 수 있다.

2) 토론과 토의의 유사점과 차이점

토론과 토의는 둘 다 의견을 주제에 대해 나누는 과정으로, 심층적인 토론과 심층적인 토의가 모두 의견을 교환하고 다양한 관점을 탐색하는 데에 중점을 둔다는 공통점이 있다. 그러나 토론과 토의의 목적과 방식에는 약간 차이가 있다(이광모, 2007; 설한, 2005).

토론은 주제나 문제에 대해 서로 다른 의견을 가진 사람들이 의견을 교환하고 논증하여 자신의 주장을 입증하려는 과정을 의미한다. 토론은 보통 양측이 서로 반대되는 입장을 취하고, 논리적으로 논쟁을 벌이는 형태를 가지며, 승자와 패자가 나뉘는 경우가 많다. 토론은 보통 공개적으로 진행되며, 토론자들은 자신의 주장을 논리적으로 전개하고 상대편의 주장을 반박하여 승부를 가린다.

토론은 훨씬 더 경쟁적인 성격을 띠며 상대방의 의견을 부정하거나 역설하는 데 중점을 둔다. 토론자들은 자신의 주장을 강화하고 상대방을 이길 수 있는 주장을 제시하기 위해 논리와 근거를 사용한다. 일반적으로 토론은 두 개 이상의 상반된 입장을 가진 사람들 간에 진행되며, 당사자들은 자신의 주장을 옹호하고 상대방의 주장을 비판하는 것에 중점을 둔다.

반면, 토의는 주제나 문제에 대해 함께 이야기하고 의견을 나누는 과정을 의미한다(정문성, 2017). 토의는 주로 협력적인 분위기에서 진행되며, 서로 다른 의견을 존중하고 공동의 목표나 해결책을 찾기 위해 의견을 조율하는 과정을 포함한다. 토의는 일반적으로 토론보다는 좀 더 협력적이고 의견을 조율하는 방향으로 진행되며, 승자와 패자를 가리지 않는 경우가 많다.

두 가지 과정은 각각의 장점과 한계를 가지고 있으며, 상황에 따라 적절히 활용되어야 한다. 어떤 경우에는 논리적인 토론이 문제해결에 더 효과적일 수 있고, 다른 경우에는 공동 의견 형성을 위한 토의가 필요할 수도 있다. 토론과 토의는 다양한 의견을 수용하고 존중하는 의사소통으로서의 중요성을 강조하며, 이를 통해 보다 건강하고 효과적인 결정을 내릴 수 있는 방법을 제시한다.

요약하면, 토론은 대립적인 입장을 내세워 논리적으로 싸우는 것에 중점을 두지만, 토의는 협력적으로 의견을 교환하고 공동의 목표나 해결책을 찾는 과정을 강조한다.

3. 시대에 따른 토론의 역할

토론은 인류 역사의 여러 단계에서 중요한 역할을 해 왔다. 토론은 의견의 충돌을 다루는 방법으로, 사람들이 서로 다른 견해나 주장을 제기하고 이를 논증하여 진리를 밝히려는 노력의 결과물이다. 토론은 사회적, 정치적, 학문적, 종교적인 분야에서 다양하게 활용되어 왔다.

고대 그리스의 철학자 소크라테스는 대화와 논쟁을 통해 진리를 찾으려는 방식으로 토론의 중요성을 강조했다(Sloane, 2005). 소크라테스의 학생인 플라톤과 아리스토텔레스는 토론을 통해 철학적인 이론을 발전시키고 체계화했다. 아테네는 민주주의의 중심지로 공개적인 법정이 운영되었고, 시민들은 이 법정에서 자신의 권리를 지키기 위해 논쟁하고 변론할 수 있었다. 고대 그리스에서는 법정 토론이 매우 중요한 사회적 활동으로 여겨졌으며, 이를 통해 시민들은 자신의 권리를 주장하고 타인에 대해 소송을 제기할 수 있었다. 로마 시대에도 토론은 사회, 정치, 법률, 철학 등 다양한 분야에서 중요한 역할을 하였다. 로마 제국은 그 정치적인 체계와 법률에 있어서 광범위한 토론과 논쟁의 장이었으며, 토론은 로마 제국의 발전과 유지에 중요한 기여를 했다. 특히 로마의 법정에서는 변론과 논쟁이 중요한 역할을 했으며, 로마 법률 체제의 발전과 적용에 영향을 미쳤다(Aristotle, 1984; Lu, X., 1998; Cicero, 2001).

중세 유럽에서의 토론은 교회, 학문, 정치 등에서 활발히 이루어졌다 (Burns, 2003; Kibre, 1975; Southern, 1990). 중세 시대에는 기독교 교회가 유럽의 중심적인 권력이었기 때문에 종교적인 논쟁과 토론이 중요한 역할을 하였다. 또한 중세 유럽의 대학들에서는 학자들 간의 학문적 토론이 이루어지면서 다양한 분야에서 지식의 발전이 이루어졌다. 중세 유럽의 토론은 종교적인 주제를 중심으로 이루어지기도 했는데, 신학적 논쟁, 교리적 논쟁, 성서 해석 등이 중요한 주제였다. 중세 유럽의 대학들에서는 학자들이 강의와 논문을 통해 서로의 견해를 제시하고 논쟁을 벌였다. 이러한 학문적인 토론은 중세 유럽의 학문 발전에 큰 영향을 미쳤으며, 철학, 신학, 과학 등 다양한 분야에서 지식의 축적과 발전을 이끌었다. 또한 중세 유럽에서의 정치적인 토론도 중요한 역할을 했다. 귀족들 간의 정치적인 논쟁이나 왕과 귀족들 간의 권력 다툼 등이 중세 유럽의 정치적인 토론의 주요 주제였다(Evans, G. R., 2003). 이처럼 중세 유럽에서의 토론은 종교, 학문, 정치 등 다양한 분야에서 활발하게 이루어졌으며, 이를 통해 유럽의 문화와 지식의 발전에 중요한 역할을 하였다(Gracia, 2008).

근대의 토론은 다양한 분야에서 다양한 주제에 대해 이루어진 토론을 가리킨다. 근대에는 인류의 사회, 경제, 정치, 문화 등 여러 측면에서 큰 변화와 발전이 있었기 때문에 이러한 변화와 발전에 대한 토론이 활발하게 벌어졌다. 근대의 토론은 다양한 이념과 관점을 토대로 이루어졌다. 혁명적인 변화를 주장하는 이념들인 자본주의, 사회주의 민주주의, 공산주의 등이 대립하며 이에 대한 논쟁이 이루어졌다. 이러한 이념들은 사회와 정치, 경제 등 다양한 분야에서의 토론을 촉발하며 근대사의 흐름을 이끌었다. 또한 근대의 토론은 과학, 철학, 종교, 문화 등 다양한 분야에서도 이루어졌다. 과학적 발전과 혁명, 신화의 해체, 인간의 존재와 의미 등에 대한 논쟁이 활발하게 일어났다. 이러한 토론들은 인류 사회의 패러다임 변화와 함께 진행되었고, 현재의 사회와 문화에도 영향을 주는 중요한 역할을 했다(Goodchild, B., 1990). 근대의 토론은 현재까지도 이어져 가고 있으며, 새로운 주제와 문제에 대한 토론이 계속되고 있다. 이러한 토론을 통해 우리는 지식을 공유하고 확장하며, 더 나은 미래를 향해 나아갈 수 있다.

현대에는 토론이 정치, 사회, 경제, 문화 등 다양한 분야에서 중요한 역할을 하고 있다. 논리, 근거, 증거를 토대로 한 논쟁을 통해 문제를 해결하고 의사결정을 내릴 때 토론이 중요한 수단으로 활용된다. 인터넷과 소셜미디어의 발전으로 인해 토론의 형태와 방식이 다양화되고 확대되었다. 온라인상에서 다양한 의견이 충돌하고 교류함으로써 토론은 더욱 다양하고 활발한 양상을 보인다. 현대의 토론은 과학기술의 발전과 함께 기술, 인공지능, 생명윤리 등의 분야에서도 논의가 이루어지고 있다. 다양한 이슈에 대한 다양한 의견이 충돌하고 대립하는 과정을 포함하며, 이를 통해 새로운 아이디어와 해결책을 모색하고 발전시키는 역할을 한다. 또한 정보가 급속하게 확산되고 변화하는 현대 사회에서 토론을 통해 다양한 관점을 듣고 이해하며, 상호 간의 소통과 협력을 통해 더 나은 결정과 해결책을 모색하는 과정이 중요하다고 할 수 있다(Goodchild, B., 1990).

4. 효율적인 토론의 힘

1) 효율적인 토론의 전제조건

　토론은 서로 다른 의견을 가진 사람들이 의견을 교환하고 합의점을 찾는 과정이다. 효율적인 토론은 개인의 의견을 표현하고 다른 사람의 의견을 이해하며 상호 존중하는 것이 중요하다. 이를 위해 몇 가지 방법을 적용할 수 있다(김경미 외, 2016; 김복실, 2003; 김정녀 외, 2014; 신동명, 2021; 한현숙, 2011; Trapp, 2012). 첫째, 토론의 목적을 분명하게 설정해야 한다. 토론의 목적이 뚜렷하다면 토론의 방향성을 정확히 알 수 있고, 불필요한 논란을 피할 수 있다. 목적이 명확하지 않은 상황에서는 토론이 비생산적으로 이어질 수 있으므로 토론 진행 전에 목적을 명확히 설정하는 것이 중요하다.

　둘째, 서로의 의견을 경청하고 이해하는 것이 중요하다. 상대방의 의견을 경청하고 이해한다는 것은 그 사람을 존중한다는 의미이다. 상대방의 의견을 경청하고 이해한다면 효과적인 내화를 이어 가는 데 도움이 될 것이다. 또한, 상대방의 의견을 존중하는 자세는 토론의 분위기를 조성하는 데 도움이 될 것이다.

셋째, 사실과 근거에 기반한 의견을 제시하는 것이 중요하다. 토론에서는 주장을 뒷받침할 수 있는 사실과 근거가 필요하다. 주장이 사실과 근거에 기반한 경우, 다른 사람들도 그 주장을 받아들일 가능성이 높아진다. 또한, 사실과 근거에 기반한 의견은 토론의 질을 높이는 데 도움이 될 것이다.

넷째, 객관적이고 성숙한 태도를 유지하는 것이 중요하다. 토론에서는 객관적이고 성숙한 태도를 유지하는 것이 중요하다. 상대방을 공격하는 것이 아닌, 그들의 의견에 대해 상호 존중하고 고려하는 태도가 필요하다. 이러한 태도는 토론의 질을 높이는 데 도움이 될 것이다. 마지막으로, 결론을 도출하고 합의점을 찾는 것이 중요하다. 토론을 통해 여러 의견을 교환하고 다양한 시각을 듣고 나면, 결국에는 합의점을 찾아야 한다. 결론을 도출하고 합의점을 찾는 것은 토론의 목적을 달성하는 데 중요한 단계이다(Mumtaz, S., & Latif, R., 2017).

효율적인 토론을 위해서는 목적을 분명히 설정하고, 상대방의 의견을 경청하고 이해하며, 사실과 근거에 기반한 의견을 제시하고, 객관적이고 성숙한 태도를 유지하고, 결론을 도출하고 합의점을 찾는 것이 중요하다. 이러한 방법들을 적용하여 효율적인 토론을 이어 가는 데 성공을 거두길 기대한다.

2) 대학 교육에서 효율적인 토론 방법의 적용

대학 교육에서 토론 교육이 필요한 이유는 여러 가지가 있다. 몇 가지 중요한 이유를 살펴보면 다음과 같다(김승환, 2004; 김경미 외, 2016; 안경화, 2009; 신희선, 2013; 양난희, 2018; 이재성, 2010). 첫째, 논리적 사고와 비판적 사고 능력의 강화이다. 토론을 통해 학생들은 자신의 주장을 논리적으로 전개하고 상대방의 주장을 비판적으로 분석하는 능력을 키울 수 있다. 이는 학생들이 문제를 다양한 각도에서 바라보고 해결하는 능력을 향상시키는 데 도움이 된다.

둘째, 의사소통 능력의 강화이다. 토론은 학생들이 자신의 의견을 명확하게 표현하고 다른 사람들과 상호작용하는 방법을 배우는 데 도움을 준다. 이는 학생들이 효과적으로 의사소통하고 협력하는 능력을 향상시키는 데 도움이 된다.

셋째, 자기주장의 명확화이다. 토론을 통해 학생들은 자신의 주장을 논리적으로 근거 지어 표현하는 경험을 쌓을 수 있다. 이는 자기 생각을 확신하고 다른 사람들을 설득하는 능력을 키우는 데 도움이 된다.

넷째, 다양성에 대한 이해 증진이다. 토론을 통해 학생들은 다양한 의견과 관점을 경험하고 존중하는 방법을 배울 수 있다. 이는 학생들이 다양성을 이해하고 존중하는 태도를 갖추는 데 도움이 된다. 이러한 이유로 인해 대학 교육에서 토론 교육은 학생들의 학습 경험을 풍부하게 하고 학습 성과를 향상시키는 데 중요한 역할을 한다.

　이처럼 토론은 상당히 중요한 교육적 효과를 지니고 있다. 앞에서 보듯이 대학에서 효율적인 토론은 학생들에게 중요한 소양을 가르친다. 토론을 통해 학생들은 자신의 의견을 표현하고 타인의 의견을 이해하며 논리적으로 주장하는 방법을 배울 수 있다. 이러한 토론 기술은 학생들이 미래에 직업 생활을 할 때도 유용하게 활용할 수 있다. 특히 대학 교육과정에서 교수자는 학생들이 토론의 주제를 명확하게 설정하고, 충분한 자료를 수집하여 객관적인 판단을 할 수 있도록 하는 것이 중요하다. 또한 토론 과정에서 예의를 지키고 상대방의 의견을 존중할 수 있도록 유도한다. 또한 토론이 길어지면 관중들이 흥미를 잃게 되며, 주제에서 벗어날 우려가 있기 때문에 시간을 철저히 지키도록 주지시킬 필요가 있다. 특히, 토론 도구를 적절하게 활용할 수 있도록 사전에 준비를 도울 필요가 있다.

　대학에서 효율적인 토론 방법을 배움으로써 학생들은 자신의 의견을 표현하는 능력을 기르고 논리적으로 사고하는 능력을 향상시킬 수 있다. 이러한 토론 능력은 학생들이 미래에 직장에서 성공적으로 대처할 수 있도록 돕는다. 따라서 대학에서 효율적인 토론의 방법을 배우고 실천하는 것은 매우 중요하다.

3) 나의 토론 능력

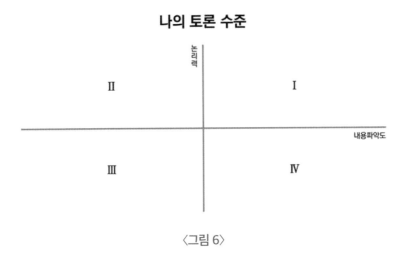

〈그림 6〉

위의 그래프는 세로축을 논리력, 가로축을 내용파악도로 하여 자신의 토론 능력을 파악하기 위한 그림이다.

Ⅰ 유형에 속하는 사람은 논리력과 내용파악도가 좋은 경우로 토론을 위한 기초체력을 충분히 가지고 있다.

Ⅱ 유형에 속하는 사람들은 논리력은 높으나 내용파악도가 떨어지는 경우이다. 이 유형은 토론 과정에서 내용과 관련 없이 말발로 승부를 거는 경우로 자칫 토론이 다른 방향으로 흐를 가능성이 있으므로 주의해야 한다.

Ⅲ 유형에 속하는 사람들은 논리력과 내용파악도가 모두 부족한 경우이다. 이 유형은 대부분 여러 가지 이유로 토론을 어려워하거나, 토론 습관이 형성되지 않는 경우이다. 이 경우에는 우선 토론에 대한 긍정적 사고를 통해 쉬운 내용부터 친숙해질 필요가 있다. 토론에 대한 기초체력을 기르기 위해 쉽게 접근할 수 있는 주제로 충분한 훈련을 하여야 한다.

Ⅳ 유형의 경우 내용파악도는 높으나 논리력이 떨어지는 경우이다. 평소 자신감이 부족하여 자기표현을 잘하지 않는 사람들이 이 유형에 속하는 경우가 많다. 이런 사람들은 완벽하게 알아야만 토론을 할 수 있다고 생각하여 타이밍을 잡기가 어려운 경우가 대부분이다. 실수해도 괜찮다는 생각을 갖고 편하게 말하는 연습을 하면 토론 실력이 좋아질 수 있다. 토론을 시작하기 전에 우선 자기가 4가지 유형 중 어느 유형에 속하는지 파악한 후 전략적으로 토론 훈련을 하는 것도 좋은 방법이다.

금강대학교의
독서토론
적용 사례

독서와 토론의 교육적 효과를 극대화하기 위해 금강대학교에서는 실제로 회향교수법이라는 수업을 설계하고 운영하였다. 지방 대학교의 한계를 벗어나 새로운 교육 방법을 제시함으로써 세계적 인재를 양성하기 위한 노력의 결과물이다. 특히 시카고대학의 '허친스 플랜(Hutchins Plan)'과 세인트존스대학의 '위대한 저서(The Great Books)' 프로그램은 많은 영감을 주었다. 본 장에서는 금강대학교가 회향교수법을 도입한 이유와 회향교수법에 적용된 다양한 이론적 논의를 검토하고, 회향교수법의 특징에 대해 살펴보기로 한다.

1. 금강대학교가 회향교수법을 도입한 배경

1) 금강대학교가 회향교수법을 도입한 이유

금강대학교가 회향교수법을 도입한 이유는 다양한 교수법 중에서 학생들의 학습 효율성을 증진시키기 위해서이다. 회향교수법은 학생들이 스스로 학습하고 발견하는 과정을 강조하여 학생들의 학습 동기를 높이고 자기주도적인 학습태도를 유도한다. 이러한 특성으로 인해 금강대학교는 회향교수법을 적극 도입하여 학생들의 자기주도적인 학습 능력을 향상시키고자 하였다.

한국의 대학교육을 살펴보면, 과거에는 주로 강의 중심의 교육 방식이 주를 이루었다. 하지만 현대 사회에서는 지식의 폭발적인 증가와 기술의 발전으로 인해 산업 현장에서 요구되는 역량이 빠르게 변화하고 있다. 이에 따라 교육도 새로운 패러다임에 맞게 변화해야 한다는 필요성이 대두되었다.

회향교수법은 전통적인 강의 중심의 교육 방식을 벗어나 학생 중심의 교육 방식을 추구한다. 학생들은 교수자의 지시나 통제 없이 스스로 주어진 주제에 대해 연구하고 탐구하며 새로운 지식을 습득하는 과정을 통해 자기주도적인 학습 능력을 키울 수 있다. 이는 학생들이 단순히 지식을 받아들이는 것이 아닌 문제해결 능력이나 창의적 사고력을 기를 수 있는 효과적인 방법이라고 할 수 있다.

또한 회향교수법은 학생들의 학습 동기를 촉진하는 효과도 있다. 학생들이 직접 독서하고 토론하는 과정을 통해 자신의 학습 노력이 결과로 이어지는 것을 경험하고 성취감을 느낄 수 있다. 이는 학생들이 학습에 대한 긍정적인 자아 개념을 형성하고 학습에 대한 자신감을 키울 수 있도록 도와준다.

따라서 금강대학교가 회향교수법을 도입한 것은 전통적인 강의 중심의 교육방식에서 벗어나 학생들의 참여와 주도권을 존중하는 새로운 교육 방향을 모색하기 위함이다. 또한 학생들의 학습 효율성과 효과적인 학습 방법을 제공하기 위한 노력의 일환으로 볼 수 있다. 회향교수법을 통해 학생들은 자기주도적인 학습 능력을 키우고 창의적 사고력을 발전시키는 등 학습 능력을 향상시킬 수 있다. 이를 통해 학생들은 비판적 사고와 문제해결 능력을 기르는 데 도움을 받고, 산업 현장에서 요구되는 역량을 보다 효과적으로 배양할 수 있다. 회향교수법을 통해 금강대학교는 학생들의 학습 효율과 교육 품질을 향상시키는 데 크게 기여할 것으로 기대된다.

2) 시카고대학의 '허친스 플랜(Hutchins Plan)'과 세인트존스대학의 '위대한 저서(The Great Books)'

시카고대학은 국제적으로 성공적인 엘리트 대학 중 하나로 손꼽히며 그 평판은 뛰어나다. 중요한 이유 중 하나는 바로 시카고대학의 허친스 플랜(Hutchins Plan)이라는 학사 프로그램이다(McNeill, 1991). 이 플랜은 시카고대학이 지적 탐구와 학문적 열정을 중시하는 학문적 방법을 대변하는 것으로, 학생들에게 깊은 사유와 분석 능력을 길러 주는 데 중점을 두고 있다.

허친스 플랜은 1929년 허친스(H. Hutchins) 총장이 처음 도입하였다. 이 플랜은 핵심적인 아이디어로서 교육의 목표를 자신과 세계에 대한 이해, 그리고 국민의 자유에 대한 인식으로 강조하고 있다. 또한 이 플랜은 학문적 열정을 가진 학생들을 육성하기 위해 다양한 과목을 통해 교육을 제공하고 있다.

시카고대학의 허친스 플랜(Hutchins Plan)은 학생들에게 자유롭게 탐구하고 실험할 수 있는 자유를 제공한다. 학생들은 본인의 관심사나 열망에 따라 다양한 학문 분야를 탐구하거나 심화학습을 할 수 있다. 이를 통해 학생들은 자기주도적인 학습의 철학을 습득하게 되며, 이는 그 후의 직업 생활에서도 융통성과 창의성을 기를 수 있는 중요한 역할을 한다.

허친스 플랜(Hutchins Plan)은 학생들에게 깊은 지적 탐구와 분석 능력을 길러 주는 동시에 자유로운 학습 환경을 제공하여 창의적이고 독립적인 사고를 육성한다. 이를 통해 시카고 대학은 국제 무대에서 뛰어난 성과를 이루는 학생들을 배출하고 있으며, 그 평판은 계속해서 성장하고 있다.

한편 세인트존스대학은 위대한 저서(The Great Books) 프로그램을 통해 지적인 탐구와 교육을 촉진하는 데 노력하고 있다. 학생들이 철학, 문학, 과학 등 다양한 분야의 경험을 통해 자아를 발견하고 성장할 수 있도록 하기 위해 위대한 저서(The Great Books)라는 개념을 도입하였다(손승남, 2013).

위대한 저서(The Great Books)는 유럽과 미국의 고전문학을 중심으로 하는 프로그램으로, 학생들에게 전통적인 교양교육을 제공한다. 이 프로그램은 학생들에게 중요한 문화적 이해와 사고력을 길러 줌으로써, 그들이 실력을 발휘할 수 있는 인재로 성장할 수 있도록 돕는다.

세인트존스 대학은 위대한 저서(The Great Books)를 통해 학생들에게 현대 사회에서 요구되는 다양한 능력을 갖추도록 돕고 있다. 고전문학을 통해 학생들은 창의적이고 비평적으로 생각하며, 문제를 해결하는 능력을 기를 수 있다. 또한 위대한 저서(The Great Books)는 학생들이 인류의 영향력 있는 작품들을 이해하고 분석함으로써, 사회 문제에 대한 깊은 이해를 얻게 해 준다.

세인트존스대학의 위대한 저서(The Great Books) 프로그램은 학생들의 학문적인 호기심과 열정을 자극하며, 그들이 폭넓고 깊은 시각으로 세상을 이해하도록 돕는다. 이를 통해 학생들은 자신의 관심 분야를 발견하고 전문가로 성장할 수 있는 기반을 마련할 수 있다.

　결론적으로, 세인트존스대학의 위대한 저서(The Great Books) 프로그램은 학생들에게 깊이 있는 학문적 경험을 제공함으로써, 그들의 삶의 가치와 목적을 탐구하고 발전할 수 있도록 돕고 있다. 이를 통해 학생들은 인간의 지성과 창의성을 발휘할 수 있는 인재로 성장할 수 있도록 한다. 금강대학교가 허친스 플랜(Hutchins Plan)과 위대한 저서(The Great Books) 프로그램을 벤치마킹한 것은 이러한 점에서 의미가 있다.

2. 회향교수법이 근거하는 이론들

1) 문제 기반학습(Problem Based Learning, PBL)

문제 기반학습은 학생들이 주어진 문제나 과제를 해결하며 지식과 기술을 습득하고 발전시키는 학습 방법을 의미한다(이인경, 1997; 김애리 외, 2001). 이 방법은 학생들이 현실적이고 응용 가능한 문제에 직면하고, 이를 해결하며 새로운 지식을 습득하고 응용하는 과정에서 학습을 이루는 것을 강조한다.

문제 기반학습의 주요 특징은 다음과 같다(이인경, 1997; 김애리 외, 2001; 김재희, 2017; 박주연, 2008; 하오선, 2021; Mumtaz & Latif, 2017). 첫째, 실제적인 응용이다. 학생들은 이론적인 지식뿐만 아니라 현실적인 문제나 상황에 직면하여 학습을 진행한다. 이를 통해 이론과 실무를 결합하고 응용력을 키우는 데 도움이 된다.

둘째, 자기주도적 학습이다. 학생들은 주어진 문제를 해결하기 위해 스스로 학습 목표를 설정하고 필요한 정보를 습득하여, 문제 해결에 도움이 될 수 있는 도구와 전략을 개발하는 과정에서 자기주도적으로 학습한다.

셋째, 협력과 팀워크이다. 문제 기반학습은 종종 그룹 또는 팀을 형성하여 문제를 해결하도록 유도한다. 학생들은 서로 협력하고 의견을 공유하며 팀워크를 발전시키는 경험을 통해 협업 능력을 향상시킨다.

넷째, 비판적 사고와 창의성 향상이다. 학생들은 주어진 문제를 해결하기 위해 비판적으로 사고하고 창의적인 해결책을 모색하며, 새로운 아이디어를 발전시키는 과정에서 비판적 사고력과 창의성을 키울 수 있다.

다섯째, 실험과 경험이다. 학생들은 실제 문제에 직면하고 실험하며 경험을 통해 학습을 이루는 과정을 거친다. 이를 통해 이론적인 학습뿐만 아니라 경험을 통한 실무적인 학습을 할 수 있다. 문제 기반학습은 학생들이 미래를 준비하고 변화에 적응하기 위해 필요한 핵심 능력인 문제해결 능력, 협력 능력, 창의성, 비판적 사고력 등을 키우는 데 효과적인 학습 방법으로 평가되고 있다.

2) 하브루타(Havruta)

'하브루타'는 히브리어로 '동반'이라는 뜻을 가진 단어로, 교육 분야에서는 서로 협력하여 학습하고 성장하는 과정을 의미한다(한동균 외, 2015; 김수동 외, 2018; 전성수, 2014). 하브루타는 주로 고대 유대교 학문의 전통에서 비롯된 개념으로, 상호작용하고 토론하며 지식을 공유하며 함께 성장하는 방식을 강조한다.

하브루타의 주요 특징은 다음과 같다(이정연, 2018; 김보경, 2016; 신정숙, 2022; 조은영, 2018). 첫째, 상호작용과 협력이다. 하브루타는 학생들이 서로 의견을 교환하고 함께 문제를 해결하며, 서로의 강점을 발휘하여 상호보완하고 협력하는 과정을 강조한다.

둘째, 동료 학습이다. 하브루타는 동료들끼리 학습 과정을 공유하고 서로 도와가며 함께 성장하는 방식을 의미한다. 이를 통해 학생들은 서로를 돕고 지지하며 학습의 효율성을 높일 수 있다.

셋째, 서로에 대한 책임감이다. 하브루타는 서로에 대한 책임감을 느끼고 상호 간에 지식을 나누고 성장하는 과정을 강조한다. 이를 통해 학생들은 자신의 학습에 대한 책임을 느끼고 협력하는 능력을 키울 수 있다.

넷째, 창의적 문제 해결이다. 하브루타를 통해 학생들은 서로 다른 관점과 아이디어를 공유하고 토론하며 창의적인 문제 해결 방법을 모색할 수 있다. 이를 통해 학생들은 창의성과 문제해결 능력을 향상시킬 수 있다. 하브루타는 단순히 지식 전달이 아니라 상호작용과 협력을 통한 학습을 중시하는 방법으로, 학생들의 학습 동기를 높이고 깊은 학습을 유도하는 데 효과적인 방법으로 평가되고 있다.

3) 플립드 러닝(Flipped Learning)

플립드 러닝은 전통적인 교육 방식과는 반대되는 접근 방식을 취하는 교육 방법론이다. 일반적인 수업에서는 교사가 수업 시간에 강의하고, 학생들이 과제를 집에서 해결하는 형태로 진행된다. 반면 플립드 러닝에서는 학생들이 집에서 강의를 듣고, 수업 시간에는 문제 해결, 토론, 프로젝트 등 실질적인 학습 활동을 진행한다.

플립드 러닝은 '뒤집다(flip)'라는 단어에서 알 수 있듯이, 학습의 흐름을 전통적인 방식과 반대로 전개한다. 이 방식에서는 학생들이 강의 내용을 미리 집에서 학습하고, 교실에서는 이를 바탕으로 심화된 학습 활동을 진행하는 것이 핵심이다(임정훈, 2016; 이지연 외, 2014; Bergmann & Sams, 2012; 김영배, 2015). 결국 플립드 러닝은 질문, 토의와 토론, 실험과 탐구, 문제해결, 프로젝트 수행 등 학습자 간 활발한 상호작용과 학습 내용에 대한 소통을 가능하게 하여 교실 수업에서 역동적인 학습을 조장한다.

플립드 러닝의 특징은 학습 과정과 교실 내외의 활동을 전통적인 교육 방식과 다르게 재구성하여 학습 효과를 극대화하는 데 있다. 주요 특징들은 다음과 같다(이동엽, 2013; 김양희, 2015; 손은주 외, 2015; 이선연, 2016; 조영재, 2019). 첫째, 사전 학습이다. 학생들은 수업 전에 동영상, 읽기 자료, 온라인 퀴즈 등을 통해 수업 내용을 미리 학습한다. 이를 통해 학생들은 자신의 페이스에 맞춰 언제 어디서든 학습할 수 있다.

둘째, 능동적 학습이다. 교실에서는 토론, 실험, 프로젝트 등의 활동을 통해 학생들이 능동적으로 참여할 수 있다. 학생들은 실질적인 문제해결과 응용을 통해 더 깊이 있는 이해를 할 수 있다.

셋째, 교사-학생 상호작용 증가이다. 전통적인 강의 시간이 줄어들고, 교사와 학생 간의 상호작용 시간이 늘어난다. 교사는 학생들이 이해하지 못하는 부분을 즉각적으로 도와줄 수 있으며, 개별 지도가 가능해진다.

넷째, 협력 학습이다. 학생들은 그룹 활동을 통해 협력적으로 문제를 해결하고, 서로의 의견을 나누며 학습한다. 이를 통해 팀워크와 커뮤니케이션 능력을 기를 수 있다.

다섯째, 자기주도학습이다. 학생들은 자신의 학습 과정을 스스로 관리하고 조절할 수 있다. 이는 학생들의 자기주도학습 능력을 향상시키는 데 도움을 준다.

여섯째, 다양한 학습 자료의 활용이다. 플립드 러닝에서는 다양한 멀티미디어 자료를 활용할 수 있다. 동영상 강의, 온라인 퀴즈, 인터랙티브 시뮬레이션 등 다양한 자료를 통해 학습의 질을 높일 수 있다.

일곱째, 개별화된 학습이다. 학생들은 각자의 학습 속도에 맞춰 강의를 들을 수 있고, 필요한 부분을 반복해서 학습할 수 있다. 교사는 학생 개개인의 학습 상황에 맞춰 맞춤형 피드백을 제공할 수 있다.

여덟째, 평가와 피드백의 효율성이다. 플립드 러닝에서는 사전 학습 자료를 통해 학생들의 이해도를 미리 파악할 수 있다. 이를 통해 교사는 수업 시간을 보다 효율적으로 계획하고, 필요한 부분에 집중할 수 있다(김재희, 2017).

플립드 러닝은 이러한 특징들을 통해 학생들의 학습 참여도를 높이고 더 깊이 있는 이해와 창의적인 문제해결 능력을 기르는 데 도움을 준다. 다만, 성공적인 플립드 러닝을 위해서는 학생들의 사전 학습 참여도와 교사의 적극적인 준비와 지도가 필요하다.

한편 플립드 러닝의 장점은 첫째, 학생 중심의 학습이라는 점이다. 학생들은 자신의 학습 속도에 맞춰 수업 내용을 미리 학습할 수 있어 이해도를 높일 수 있다. 교실에서는 학생들이 주도적으로 문제를 해결하고 토론을 통해 깊이 있는 학습을 할 수 있다.

둘째, 효율적인 교사-학생 상호작용이다. 교사는 수업 중 학생 개개인의 학습 상태를 더 잘 파악할 수 있으며, 개별 지도가 가능하다. 교사와 학생 간의 상호작용이 증가하여 학습 효과가 높아진다.

셋째, 다양한 학습 활동이다. 교실 수업 시간에 토론, 실험, 프로젝트 등의 다양한 활동을 통해 학생들의 참여도를 높일 수 있다. 이를 통해 학생들의 학습 동기와 성취도를 높이는 데 도움을 준다.

반면에 플립드 러닝은 다음과 같은 단점을 갖는다. 첫째, 사전 학습의 부담이다. 학생들이 사전 학습을 제대로 하지 않으면 플립드 러닝의 효과가 감소할 수 있다. 사전 학습을 위해 추가적인 시간과 노력이 필요하므로 일부 학생들에게는 부담이 될 수 있다.

둘째, 교사의 준비 부담 증가이다. 교사는 미리 학습 자료를 제작하고, 수업 활동을 계획하는 데 많은 시간을 투자해야 한다. 이는 교사의 업무 부담을 증가시킬 수 있다.

셋째, 기술적 문제이다. 플립드 러닝을 위해서는 학생들이 접근할 수 있는 디지털 기기와 안정적인 인터넷 환경이 필요하다. 기술적 문제나 접근성의 차이로 인해 일부 학생들이 불이익을 받을 수 있다.

넷째, 효과적인 평가의 어려움이다. 플립드 러닝의 경우 전통적인 시험 방식 외에도 다양한 평가 방법이 필요하다. 이를 위해 교사는 새로운 평가 도구와 방법을 개발하고 적용해야 하며, 이는 추가적인 부담이 될 수 있다(김윤영, 2016).

4) 프로젝트 기반학습(Project Based Learning, PBL)

프로젝트 기반학습은 학습자가 주제나 문제를 탐구하고 해결하는 과정에서 지식을 습득하고 적용하는 학습 방법을 말한다(김은진, 2018; 박민정, 2007; 김진미, 2014). 이는 실제적인 프로젝트를 수행하며 현실적인 문제에 대해 탐구하고 해결하는 과정을 통해 학습자들이 지식, 기술, 태도를 향상시키는 방법을 강조한다.

프로젝트 기반학습의 주요 특징은 다음과 같다(류영태, 2015; 간진숙 외, 2016; 김은진, 2018; 김송호, 2006). 첫째, 의미 있는 학습이다. 학습자들은 현실적인 문제나 프로젝트를 통해 의미 있는 학습 경험을 할 수 있다. 이를 통해 이론적인 지식을 실제 상황에 적용하고 경험을 통해 학습을 심화시킬 수 있다.

둘째, 자기주도적 학습이다. 프로젝트 기반학습은 학습자가 주도적으로 학습 목표를 설정하고 자신의 학습 과정을 관리하는 능력을 키우는 데 기여한다. 학습자들은 스스로 문제를 정의하고 해결책을 모색하며 학습을 진행한다.

셋째, 협력과 팀워크이다. 프로젝트 기반학습은 종종 그룹이나 팀을 형성하여 프로젝트를 수행하도록 유도한다. 학습자들은 서로 협력하고 의견을 공유하며 팀워크를 발전시키는 경험을 통해 협업 능력을 향상시킨다.

넷째, 심층적 학습이다. 프로젝트 기반학습은 학습자가 주제나 문제를 탐구하고 해결하는 과정에서 심층적인 학습을 이루는 데 도움을 준다. 학습자들은 문제에 대해 다양한 각도에서 생각하고 해결책을 모색하며 학습을 심화시킨다.

다섯째, 실무적 경험이다. 학습자들은 프로젝트를 통해 실무적인 경험을 쌓을 수 있다. 이를 통해 이론적인 지식뿐만 아니라 문제해결 능력과 응용력을 향상시킬 수 있다(박민정, 2007; 김동성, 2003; 강민구, 2007; 한희영, 2002). 프로젝트 기반 학습은 학습자의 참여와 창의성을 높이며, 현실적인 문제해결 능력과 협업 능력을 강화시키는 데 효과적인 학습 방법으로 평가되고 있다.

3. 금강대학교의 회향교수법

1) 회향교수법의 의의

회향(廻向)은 불교에서 주로 쓰이는 용어로 '자기가 닦은 선근공덕(善根功德)을 다른 사람이나 자기의 불과(佛果)로 돌려 함께하는 일을 지칭하는 것'을 의미하며 공덕을 나눈다는 의미를 담고 있다(한국민족문화대백과사전*). 이는 회한 공덕을 받은 인간이 다시 그 공덕을 선한 행동을 통해 다른 이에게 전달하는 것을 뜻한다(김진이, 2023; 정규순, 2013). 이는 한국의 전통문화에서뿐만 아니라 현대 사회에서도 중요한 가치로 여겨지고 있다.

회향의 의미는 공덕을 나눔으로써 인간의 선한 품성을 발휘하고 친교를 도모하기 위한 것이다. 고대 한국에서는 이러한 문화가 특히 중요시되었는데, 과거 한국 사회에서는 자신이 받은 호의에 대해 보답하는 것이 당연한 일로 여겨졌다. 이는 사람 간의 관계를 유지하고 발전시키기 위한 기본 가치로 존중받았다.

---

*   https://encykorea.aks.ac.kr/Article/E0065591

또한 현대 사회에서도 회향의 가치가 재조명되고 있다. 다양한 사회 문제와 개인의 고립 문제로 인해 사람들 간의 연대와 상호작용이 필요하다는 인식이 높아지고 있는 것이다. 회향은 이러한 사회적 문제에 대한 해결책으로 인간의 상호 관심과 나눔을 통해 공동체 의식을 증진시키는 데 기여할 수 있다.

회향의 의미는 또한 인간의 윤리적 책임을 강조하는 것으로도 이해될 수 있다. 자신이 받은 호의에 대해 감사한 마음을 가지고, 다른 이에게도 선한 영향을 주는 행동은 개인과 사회의 발전을 이루는 데 중요한 역할을 할 수 있다. 따라서 회향은 우리가 서로를 이해하고 도와주며 공동체로서 함께 발전하기 위해 필요한 덕목이라고 할 수 있다.

결론적으로, 회향은 공덕을 나눈 결과로 발생하는 긍정적인 가치로, 우리의 인간성을 더 높이고 사회적 윤리를 유지하는 데 중요한 요소이다. 회향의 가치를 이해하고 실천함으로써, 우리는 더 나은 세상을 만들어 나갈 수 있는 것이다.

회향(廻向)교수법은 이러한 회향의 의미를 반영한 금강대학교만의 독특한 수업방식이다(금강대학교, 2023). 회향교수법은 학생들이 독서와 토론을 통해 익힌 지혜의 공덕을 나누는 교육 방법이다. 이 방법은 인간이 자기 안에 잠재되어 있는 선한 가치를 발견하고, 그 가치를 나눔으로써 타인과 사회에 공헌할 수 있다.

회향교수법은 개인의 내면적 성장과 사회적 발전을 동시에 이룰 수 있는 교육 방법으로, 공덕을 나누는 데 중요한 역할을 한다. 이 방법은 개인이 자기 안에 있는 선한 가치와 미덕을 발견하고 이를 지속적으로 발전시키며, 동시에 타인과 사회에 이를 나눔으로써 공덕을 실천하도록 이끌어 준다.

공덕의 나눔은 사회적으로 자신을 뽐내기 위한 것이 아니라, 타인을 돕고 사랑하며 세상을 더 아름답게 만들기 위한 순수한 마음가짐에서 출발한다. 회향교수법은 이러한 공덕을 나누는 마음가짐을 키우고 발전시키는 데 큰 역할을 한다. 개인이 자기 안에 있는 선한 가치를 발견하고 이를 나눔으로써 타인에게 나눔을 실천하게 되면, 곧 사회적으로도 선한 영향력을 행사하게 된다.

회향교수법은 과정이 중요한 것이며, 개인이 자기 안에서 시작하여 다시 자기 안으로 회귀하며 내면의 선한 가치를 발견하고 이를 실천함으로써 성숙함과 지혜를 얻을 수 있다. 이러한 성숙과 지혜는 다시 타인과 사회에 나누어져, 더 큰 선한 영향을 남길 수 있는 것이다.

회향교수법은 공덕을 나누는 중요한 교육 방법으로, 개인과 사회의 선한 발전을 위한 중요한 역할을 한다. 이 방법을 통해 우리는 자기 안의 선한 가치를 발견하고, 이를 나눔으로써 세상을 더 아름답고 풍요롭게 만들어 나갈 수 있다.

2) 회향교수법의 특징

금강대학교의 회향교수법은 독서와 토론 중심의 학습 방법을 강조하는 교수법으로, 교수자(Pro-tutor)는 동등한 위치에서 학생들이 주체적으로 지식을 습득하고 의견과 생각을 나눌 수 있도록 돕는 안내자의 역할을 중시하는 특징을 갖고 있다(금강대학교, 2023).

이 교수법은 학생들이 자기주도적으로 학습할 수 있도록 독서와 토론을 중심으로 학습 활동을 진행한다. 학생들은 주어진 텍스트를 세부적으로 분석하고 이해한 후, 그 내용에 대한 생각과 의견을 나누는 토론을 통해 지식을 보완하고 깊게 이해할 수 있다. 이러한 과정을 통해 학생들은 단순히 지식을 받아들이는 수동적인 학습이 아닌, 자신의 생각과 의견을 발전시키는 능력을 기를 수 있다.

또한 회향교수법은 프로튜터로서의 역할을 강조한다. 교수는 학생들의 학습 과정을 지속적으로 관찰하고 분석하여, 학생들이 어떤 부분에서 어려움을 겪고 있는지 파악한 후 이에 맞게 보조하고 지원하는 역할을 수행한다. 이를 통해 학생들은 개인 맞춤형 학습을 경험하고 자신의 능력을 최대한 발휘할 수 있다.

회향교수법은 동서양 고전 100권을 선정하여 독서, 토론, 에세이 쓰기의 방식으로 학습한다. 특히 동양 고전에서 한국 고전의 비중이 높은 것은 한국형 리버럴 아츠로서 금강대만의 특징이라 할 수 있다. 아울러 교재 선정에 있어서도 30%는 학생들의 의견을 반영하여 매년 교체한다는 것도 큰 특징이라 할 수 있다.

이러한 특징들을 통해 금강대학교의 회향교수법은 학생 중심의 학습 방법을 강조하고, 학생들이 자기주도적으로 학습하고 생각을 나누는 능력을 기를 수 있도록 돕는 효과적인 교수법으로 평가받고 있다. 이를 통해 학생들은 창의적이고 비판적으로 생각하고 표현할 수 있는 능력을 기를 수 있으며, 현실 세계에서 필요로 하는 능력을 배양할 수 있다.

3) 회향교수법의 기대효과

금강대학교 회향교수법은 학생들의 학습 효율을 높이고 학습 동기를 유발하기 위해 개발된 현대적인 교수법으로, 교육 환경의 혁신과 발전을 위한 중요한 요소로 인식되고 있다. 이 교수법은 학습자 중심의 교육 철학을 바탕으로 학습자의 성격과 요구를 반영하여 맞춤형 교육을 제공하며, 학습자들이 자발적으로 학습에 참여하고 지속적으로 성취를 이룰 수 있도록 지원하는 데 초점을 둔다.

회향교수법은 학생들에게 최적의 학습 환경을 조성하기 위해 다양한 학습 자료와 활동을 활용하며, 협력적이고 상호작용하는 학습 과정을 유도한다. 이를 통해 학생들은 개별적인 학습 성과를 향상시키는 동시에 타인과 협업하며 창의적인 문제해결 능력을 키울 수 있다. 또한 프로튜터는 학생들의 학습 상황을 주도적으로 파악하고 그에 맞는 지도 및 피드백을 제공하여 학생들의 학습 성과를 최대화할 수 있다.

회향교수법의 가장 큰 장점은 학생들이 주도적으로 학습에 참여하고 성취를 느낄 수 있도록 하는 것이다. 학생들이 학습목표와 방향을 스스로 설정하고, 주도적으로 학습 과정을 계획하고 실행함으로써 자기주도적 학습 능력을 강화할 수 있으며, 지식 습득뿐만 아니라 자기효능감과 학습 열정을 향상시킬 수 있다. 회향교수법은 학생들의 창의성과 문제해결 능력을 키우는 데에도 효과적이다. 다양한 학습 체험을 통해 학생들이 새로운 아이디어를 도출하고 문제를 해결하는 능력을 강화할 수 있으며, 협력과 의사소통을 통해 타인과 함께 작업하고 공동의 목표를 이루는 능력을 배양할 수 있다.

따라서 금강대학교 회향교수법은 학습자의 참여와 주도성을 극대화하고, 협력과 상호작용을 통해 창의성과 문제해결 능력을 키우는 데에 큰 기대를 모은다. 향후 교육 현장에서 이 교수법이 적극적으로 적용되어 학생들의 학습 효율과 만족도를 높이는 데 더욱 기여할 것으로 기대된다.

언제 어디서나
책 읽고 토론하는
대한민국을 꿈꾸며

책 읽기와 토론은 지식을 습득하고 의견을 교류하는 중요한 방법이다. 나는 언제 어디서나 이를 실천할 수 있는 환경이 조성되는 대한민국을 꿈꾼다. 현대사회에서 정보와 지식이 중요시되는 만큼, 책을 읽고 토론하는 문화를 정착하는 것이 중요하다.

그러기 위해서는 다양한 측면에서 변화가 필요하다(김현주, 2005; 정정화, 2012; 강지원, 2016). 먼저, 독서를 즐기고 토론을 할 수 있는 환경이 마련되어야 한다. 공공 도서관이나 독서실, 커뮤니티 센터 등의 독서 공간과 토론 장소가 쉽게 이용 가능해야 한다. 또한 디지털 기술을 적극적으로 활용하여 언제 어디서든 독서와 토론에 참여할 수 있는 환경을 조성해야 한다.

다음으로, 독서와 토론을 즐기는 문화가 확산되어야 한다. 정부나 지자체 등에서 독서와 토론을 증진시키는 다양한 프로그램과 이벤트를 지속적으로 개최함으로써 사람들의 흥미를 유발하고 참여를 촉진할 수 있다. 또한 학교나 사회단체에서 독서와 토론을 적극적으로 권장하고 지원하는 정책이 마련될 필요가 있다.

마지막으로, 사회적 분위기가 독서와 토론을 즐기기에 적합한 분위기여야 한다. 사회적 상호 존중과 이해, 다양성에 대한 인식이 확산되고 개인의 의견을 존중하는 문화가 정착되어야 한다. 언론이 다양한 시각을 제시하고 공정한 토론의 장을 제공함으로써 사회적 논의를 촉진하는 역할을 할 필요도 있다.

언제 어디서나 독서하고 토론하는 한국을 만들기 위해서는 다양한 조건이 조화롭게 결합되어야 한다. 개인의 자율성과 창의성을 존중하고 이를 지원하는 환경과 문화가 조성되어야 할 것이다. 이를 통해 더 건강하고 풍요로운 한국을 만들 수 있다.

언제나 책을 읽고 토론하는 문화가 확산되면, 우리 사회는 더욱더 발전하고 성숙해질 것이다. 지식을 갖춘 시민들이 많아지면, 더 나은 결정을 내릴 수 있고 지금보다 민주주의가 더욱 심화될 것이다. 좀 더 발전된 평화롭고 행복한 사회를 만들기 위해서는 모두가 책을 읽고 토론하는 문화를 지지하고 확대하는 노력을 기울여야 한다. 이를 통해 더 나은 미래를 향해 나아갈 수 있다. 언제나 책을 읽고 토론하는 대한민국을 꿈꾸며, 우리는 함께 그 꿈을 위해 나아가야 한다. 김구 선생님이 『나의 소원』에서 '문화강국'을 꿈꾸었듯이 저자는 학생들이 지금보다 '더 독서하고 깊이 토론하여 널리 회향하는 인재가 되기'를 간절히 소망해 본다.

출처

〈표 1〉 김현진, (2012), 『속독 훈련이 읽기 속도와 독해력에 미치는 영향』, 이중언어학, 48, p. 29.

참고문헌

Im, B. B., (2001), 「속독과 이해학습을 통한 영어 독해력 향상방법」, 언어연구, 17(2), 245-265.

간진숙&신미숙&권명순, (2016), 「프로젝트기반 학습의 플립러닝 수업 모형이 자기주도적 학습능력과 셀프리더십 및 학습역량에 미치는 영향」, 수산해양교육연구, 28(5), 1478-1491.

강민구, (2007), 「ICT를 활용한 프로젝트기반 학습(PBL)에 따른 반응 및 수학적 성향 분석」, 진주교육대학교 교육대학원 석사학위 논문.

강은정&조철기, (2017), 「하브루타 수업이 고등학생의 지리학습에 미치는 영향」, 한국지역지리학회지, 23(2), 420-436.

강치원, (2016), 「한국교육의 미래, 토론이 답이다 토론의 힘」, 한국수학교육학회 학술발표논문집, 2016(3), 57-63.

권도윤, (2017), 「하브루타 수업의 예비부모교육 효과 연구」, 한국교원대학교 교육대학원 석사학위 논문.

김경미&홍인숙, (2016), 「대학 교양과목으로서의 독서토론 교과목의 효율적 운영방안: 선문대학교 〈읽기와 토론〉을 중심으로」, 어문론집, 67, 373-395.

김경애&류방란, (2019), 「교육에서의 4차 산업혁명 기술 활용에 대한 기대와 우려」, 교육과학연구, 50(3), 55-79.

김명희, (2014), 「수준별 독서자료 중심 독서지도 효과에 관한 연구: 독서태도 측면에서」, 한국독서교육학회지, 2(1), 201-222.

김민수, (2019), 「4차 산업혁명 시대 인공지능 기술과 미래 어린이철학교육의 전망-시대적 인재상의 변화 분석을 중심으로」, 초등도덕교육, 63, 253-285.

김병선, (2019), 「영문 속독 연습이 대학영어 수강하는 성인학습자들의 자기효능감에 미치는 영향」, 영어영문학, 24(3), 245-271.

김보경, (2016), 「유대인 하브루타 학습의 이해와 정착을 위한 과제」, 신앙과 학문,

21(1), 81-115.

김복실, (2003), 「효율적인 말하기 능력 신장을 위한 토론학습 지도 방안」, 제주대학교 대학원 석사학위 논문.

황지원, (2013), 「대학 토론 교육의 의미와 구체적 적용—토론 관련 교양 교과목의 실제 활용을 중심으로」, Korean Journal of General Education, 7(3).

김송호, (2006), 「프로젝트 기반 학습 원리를 적용한 e-business 학습 시스템 개발」, 단국대학교 대학원 박사 학위 논문.

김수동&서금택, (2018), 「하브루타 토론학습의 교직과목 수업 적용 사례 연구」, 예술인문사회 융합 멀티미디어 논문지, 8(3), 267-277.

김숙자, (2010), 「독서교육을 통한 통합 논술교육의 효율적인 방안 연구」, 새국어교육, 84, 81-108.

김승환, (2004), 「독서토론의 활성화를 위한 독서자료 활용에 관한 연구」, 한국도서관·정보학회지, 35(3), 1-22.

김애리, 김영경, 송영선, 신경림, 이지순, 조계화&안혜정, (2001), 「문제중심학습 (Problem Based Learning; PBL) 패키지 개발 지각·조정장애상황을 중심으로」, 성인간호학회지, 13(3), 385-396.

김양희, (2015), 「플립 러닝(flipped learning) 을 활용한 대학 글쓰기 수업 운영 방안 연구」, 인문과학연구, 47, 323-352.

김은진, (2018), 「교육대학원생의 프로젝트 기반 학습을 통한 자기주도적 학습능력과 창의적 문제해결능력의 증진 효과에 관한 질적 연구」, 교육정보미디어연구, 24(1), 53-78.

김재희, (2017), 「플립러닝을 활용한 한국어 글쓰기 교수·학습 설계 모형 개발 연구 : 문제중심학습(PBL)을 기반으로」, 고려대학교 대학원 박사 학위 논문.

김정녀&유혜원, (2014), 「국어교육: 대학 교양교육으로서의 독서토론 교육 방안 연구-비교과 프로그램 〈창의적 고전 읽기 세미나〉 지도 사례를 중심으로」, 배달말, 55, 423-450.

김정숙&이순아, (2015), 「하브루타 교육원리를 적용한 초등학교 독서토론 활성화 방안 연구」, 학습자중심교과교육연구, 15(12), 509-533.

김진미, (2014), 「프로젝트학습 이론을 적용한 마이스터고등학교 영어 수업에 관한 연구」, 아주대학교 교육대학원 석사학위 논문.

김진이, (2023),「초기불교 회향의 사상적 이해」, 동아시아불교문화 제55집.

김현주, (2005),「올바른 커뮤니케이션 문화를 위한 토론 프로그램의 역할과 과제」, 스피치와 커뮤니케이션, 4, 57-83.

김현진, (2012),「속독 훈련이 읽기 속도와 독해력에 미치는 영향」, 이중언어학, 48, 23-47.

김혜정, (2008),「기획 주제: 비판적 사고와 독서; 비판적 사고력 신장을 위한 읽기 지도 방향」, 독서연구, 20, 47-81.

김혜진&염명숙, (2014),「독서와 토론 교양 수업이 대학생의 셀프리더십과 자기조절 학습능력에 미치는 효과」, 교양교육연구, 8(4), 513-540.

류영태, (2015),「"My Story 포트폴리오" 개발을 위한 프로젝트기반학습(PtBL) 의 적용사례」, 비서·사무경영연구, 24(2), 101-119.

류정아&이충현, (2011),「웹기반 영문속독 프로그램 활용이 초등학생의 영문속독 능력 신장에 미치는 영향」, Multimedia-Assisted Language Learning, 14(3), 195-224.

박민정, (2007),「프로젝트 기반 수업을 통한 대학원 학생들의 학습경험에 관한 연구」, 교육과정연구, 25(3), 265-288.

박유정, (2020),「논리학을 이용한 토론수업 사례 연구」, 지식융합연구, 3(2).

박일수, (2012),「토의·토론 수업의 학습효과에 관한 메타분석」, 교육과정평가연구, 15(3).

박주연, (2008),「문제해결방법을 활용한 자기주도학습 모형개발 및 효과 연구」, 관동대학교 대학원 박사학위 논문.

박혜숙, (2008),「시간에 따른 중학생의 독서태도, 독서습관, 독서시간과 국어성취도와의 관계」, 교육과학연구, 39(3), 27-49.

반지, (2019),「하브루타 기법을 활용한 한국어 토론수업 모형 개발 : 한국문화 교수·학습 지도안을 중심으로」, 동국대학교 대학원 석사 학위 논문.

방진하&이지현, (2014),「플립드 러닝(Flipped Learning)의 교육적 의미와 수업 설계에의 시사점 탐색」, 한국교원교육연구, 31(4), 299-319.

서수백, (2020), 「대학 고전 읽기 수업 운영 사례 연구」, 인문연구, (91), 31-58.

서지연, 김성국&변재규, (2011), 「창의인재육성 마스터플랜 수립을 위한 기초연구」, 영재교육연구, 21(2), 357-372.

설한, (2005), 「민주주의, 토의, 정당성」, 한국정치학회보, 39(1), 45-68.

손승남, (2013), 「위대한 저서(The Great Books)'프로그램을 토대로 본 우리나라 대학 인문고전교육의 방향 탐색」, 교양교육연구, 7(4), 449-472.

손은주, 박정혜, 임인철, 임용&홍석우, (2015), 「대학수업에 적용된 플립러닝(Flipped Learning)이 대학생의 학습 동기에 미치는 효과」, 인지발달중재학회지, 6(2), 97-117.

송성수, (2017), 「산업혁명의 역사적 전개와 4차 산업혁명론의 위상」, 과학기술학연구, 17(2), 5-40.

송은주, (2019), 「인문학적 관점에서 본 4차 산업혁명 담론과 교육의 방향: 일본과 독일의 사례를 중심으로」, 인문콘텐츠, (52), 87-112.

송주현, (2016), 「대학글쓰기에 대한 반성과 발전적 수업을 위한 제언: '독서·과정중심·국어국문학 전공활용'을 중심으로」, 교양교육연구, 10(1), 265-293.

신동명, (2021), 「한국식 확장형 토론의 정의와 교육적 효과에 관한 연구」, 온석대학교 대학원 박사 학위 논문.

신정숙, (2022), 「하브루타 활용 수업과 토론수업의 교육효과 비교연구 : 3C 핵심역량을 중심으로」, 문화와 융합, 44(7).

신희선, (2013), 「인문학 독서토론 수업을 통한 인성교육의 가능성 고찰」, 윤리연구, 90(1).

심영덕, (2017), 「4차 산업혁명 시대 인문학의 융합 가능성 모색」, 한민족어문학, 78, 365-393.

안경화, (2009), 「효율적인 토론 수업의 설계: 내용과 방법을 중심으로」, 언어와 문화, 5(1), 149-169.

안현효, (2019), 「통합인문 교양교육에서 고전교육-대학교육 혁신에서 교양교육강화 방안」, 교양교육연구, 13(3), 99-123.

야마구치 슈, (2020), 『뉴타입의 시대』, ㈜인플루엔셜.

양난희, (2018), 「토론식 역사수업을 통한 학습자 흥미 변화 연구」, 부산대학교 교육

대학원 석사 학위 논문.

오철록&최수영, (2010), 「멀티미디어를 활용한 영어속독능력 신장 방안 연구」, Multimedia Assisted Language Learning, 13(1), 147-171.

이경민, (2012), 「대학도서관에서 대학생 독서지도 방안에 관한 연구」, 한국도서관·정보학회지, 43(4), 161-181.

이광모, (2007), 「대학 교양교육으로서 '토론'과 '글쓰기'의 의미와 방향」, 동서철학연구, 44, 35-50.

이동엽, (2013), 「플립드 러닝(Flipped Learning) 교수학습 설계모형 탐구」, 디지털융복합연구, 11(12), 83-92.

이미숙, 김수진, 한혜란&권용경, (2019), 「마인드맵 활용 수업의 효과: 창의적 사고, 기억력, 학업효능감에 대한 질적분석을 중심으로」, 영재와 영재교육, 18(3), 5-25.

이선연, (2016), 「독서토론을 위한 플립러닝 교수모형 개발 연구」, 서울대학교 대학원 석사 학위 논문.

이용관, (2021), 「독서 행태 영향요인 분석-독서여부와 독서량에 미치는 사회·문화·경제 자원의 영향을 중심으로」, 통계연구, 26(3), 66-86.

이우정&박태건, (2013), 「대학의 고전읽기 교육에 관한 모색: 원광대학교 글쓰기센터를 중심으로: 원광대학교 글쓰기센터를 중심으로」, 국제언어문학, (28), 255-271.

이원봉, (2017), 「대학 교양교육에서의 고전독서교육의 문제점과 개선방향」, 사고와 표현, 10(1), 115-142.

이은선, (2013), 「고등학교에서 학생활동 중심의 모둠별 토의발표 수학수업을 위한 학교 지원에 관한 사례 연구」, 서울대학교 대학원 석사 학위 논문.

이인경, (1997), 「강의 기반 학습과 문제 기반 학습에 있어서의 학습 전략에 관한 연구」, 교육공학연구, 13(2), 202-218.

이재성, (2010), 「다양한 토론 방식을 적용한 〈독서와 토론〉 수업 모형을 토론 자기 효능감 연구」, 새국어교육, (85).

이정연, (2018), 「하브루타를 활용한 토론 수업의 효과 연구」, 한국외국어교육학회 학술대회 자료집.

이종선, (1989), (第 11 次 司書職 實務者 세미나 發表要旨), 「대학도서관에서의 신입생들에 대한 독서지도」.

이준엽, 김숙희&배경수, (2002), 「독해력 향상을 위한 속독 훈련 방안과 효과」, 인문과학연구, 23, 119-138.

이지연, 김영환&김영배, (2014), 「학습자 중심 플립드러닝(Flipped Learning) 수업의 적용 사례」, 교육공학연구, 30(2), 163-191.

이지영&백혜선, (2012), 「독서 토의 대화 구조의 교육적 의미 탐구」, 독서연구, 28, 319-351.

이황직, (2011), 「고전읽기를 통한 교양교육의 혁신-숙명여대의 "인문학 독서토론" 강좌를 중심으로」, 독서연구, 26, 517-548.

임병빈, (2007), 「속독훈련과 자율독서 학습방법을 통한 대학생의 영어 독해력 향상 방안」, 영어어문교육, 13(1), 181-210.

임정훈, (2016), 「대학교육에서 플립러닝(Flipped Learning)의 효과적 활용을 위한 교수학습 전략 탐색: 사례 연구」 교육공학연구, 32(1), 165-199.

전성수, (2014), 『최고의 공부법: 유대인 하브루타의 비밀』, 서울: 경향BP.

정규순, (2013), 「회향사상의 기원과 전개에 관한 연구 : 상좌부 불교를 중심으로」, 동국대학교 대학원 석사학위 논문.

정문성, (2017), 『토의토론수업 방법』, 서울 : 교육과학사.

정정화, (2012), 「공공갈등 예방을 위한 제도적 접근: 공공토론제도의 도입을 중심으로: 공공토론제도의 도입을 중심으로」, 한국정책연구, 12(2), 311-336.

조상식, (2016), 「제4차 산업혁명'과 미래 교육의 과제」, 미디어와 교육, 6(2), 152-185.

조아라, (2016), 「독서 토론 프로그램의 확대 개편에 따른 운영 및 효율화 방안: 동국대 경주캠퍼스 사례를 중심으로」, 교양교육연구, 10(2), 43-71.

조영재, (2019), 「대학 교수자를 위한 플립드 러닝 수업설계 가이드 개발」, 안동대학교 대학원 박사 학위 논문.

조은영, (2018), 「하브루타 토론이 영재의 학습유형에 따라 비판적 사고력과 의사소통능력에 미치는 효과」, 순천향대학교 대학원 박사 학위 논문.

주효진, 최희용&최윤희, (2022), 「디지털플랫폼정부와 정부혁신: 정부 역할 및 기능 재정립을 중심으로」, 지방정부연구, 26(3), 307-327.

최영임&한복희, (2009), 「학습만화를 활용한 효율적인 독서지도 방안」, 한국문헌정보 학회지, 43(1), 251-270.

최정수, (2022), 「집중력영어속독 프로그램이 초등학생의 학습능력 향상과 집중력 및 학교생활 적응에 미치는 영향」, 공공정책연구, 28(1), 117-133.

최혜정&현은자, (2009), 「그림책에 나타난 도서관 관련 내용분석」, 열린유아교육연 구, 14(4), 51-71.

하오선, (2021), 「PBL 문제 개발 및 운영 과정에서의 대학 교수자 경험 탐색 : 어려움 및 지원 요구를 중심으로」, 동국대학교 대학원 박사 학위 논문.

한동균&김성욱, (2015), 「하브루타 학습법에 기반한 사회과 수업의 설계 및 적용 가 능성 모색」, 사회과수업연구, 3(2), 85-108.

한현숙, (2011), 「토론 능력 발달 양상 연구」, 부산대학교 대학원 박사 학위 논문.

허남영&정인모, (2014), 「〈고전읽기와 토론〉 강좌에서의 읽기모형 개선 방안」, 교양 교육연구, 8(6), 529-557.

황금숙, 김수경&장지숙, (2011), 「어린이·청소년 독서문화 진흥 선진화 방안 연구」, 한국문헌정보학회지, 45(2), 277-308.

황지원, (2013), 「대학 토론 교육의 의미와 구체적 적용—토론 관련 교양 교과목의 실 제 활용을 중심으로」, Korean Journal of General Education, 7(3).

Aristotle, (Trans. W. Rhys Roberts), (1984), 『The art of rhetoric』, Barnes&Noble Books.

Bakhtiar, H., (2019), 「The Effectiveness Of SQ3R Strategy in Teaching Reading」 (Doctoral dissertation, Universitas Negeri Makassar).

Bergmann&Sams, (2012), 「Flip your classroom : reach every student in every class every day」, Oregon : International Society for Technology in Education.

Biringkanae, A., (2018), 「The use of SQ3R technique in improving studentsreading comprehension』, Transformation, 30, 30.

Burns, J. H., (2003), 『The Cambridge history of medieval political thought c. 350-c. 1450』, Cambridge University Press.

Buzan, T., (1988), 『Speed reading』. David&Charles.

Cicero, (Trans. E. W. Sutton), (2001), 『De oratore』, Harvard University Press.

Evans, G. R., (2003), 『Philosophy and theology in the Middle Ages』, Routledge.

Goodchild, B., (1990), 「Planning and the modern/postmodern debate」, The Town Planning Review, 119-137.

Gracia, J. J. E., (2008), 『Medieval philosophy of religion』, In E. N. Zalta (Ed.), The Stanford encyclopedia of philosophy(Fall 2008 Edition), Stanford University, Retrieved from https://plato.stanford.edu/archives/fall2008/entries/medieval-phil-religion/

Jannah, M., (2018), 「The Effect of Survey, Question, Read, Recite, and Review (SQ3R)」, International Research Journal of Engineering, IT and Scientific Research, 4(1), 1-11.

Kibre, P., (1975), 『The organization of learning』, In C. Haskins(Ed.), Studies in medieval culture(pp. 1-18), University of Notre Dame Press.

Lu, X., (1998), 『Rhetoric in ancient China』, Fifth to Third Century B.C.E.: A comparison with classical Greek rhetoric, University of South Carolina Press.

McNeill, W. H., (1991), 『Hutchins' university: a memoir of the University of Chicago』, 1929-1950. University of Chicago Press.

Mumtaz, S.&Latif, R., (2017), 「Learning through debate during problem-based learning: an active learning strategy」, Advances in physiology education, 41(3), 390-394.

Nuttall, J., (2016), 「Relationship between motivation」, attribution and performance expectancy in children's reading.

Sloane, T. O., (2005), 『The history of rhetoric』, University of Chicago Press.

Southern, R. W., (1990), 「Medieval humanism: The first phase」, In R. W. Southern

(Ed.), 「Medieval humanism and other studies(pp. 3-19)」, HarperCollins.

Trapp, R., (2012), 「Debate and critical analysis: The harmony of conflict」, Routledge.

교육부(2019), 2019 학생독서실태 조사.

금강대학교(2023), 「K-LAC 교육과정 개선방안을 통한 전공 교육과정 개발」, 충남 : 금강대학교.

한국도서관협회(2022), 2022 국민 독서 실태 조사.

한국문화관광연구원(2021), 2021 한국 독서실태 조사.

한국출판문화산업진흥원(2021), 2020 독서실태 조사 보고서.

World Economic Forum, (2020), * The future of jobs report 2020 *, https://www.weforum.org/reports/the-future-of-jobs-report-2020